Environmental Anthropology of the SAHEL

サーヘルの環境人類学

内陸国チャドにみる貧困・紛争・砂漠化の構造

石山 俊
Shun Ishiyama

昭和堂

はじめに

　本書の目的は，アフリカ，サーヘル内陸国チャドが直面する諸問題の構造を環境人類学の視点を中心として明らかにすることにある。チャドが直面する諸問題とは，第1に貧困，第2に紛争，第3に砂漠化である。

　この3つの問題に関心をもったきっかけは，1993年から97年まで，3年8ヵ月にわたるNGO職員としてのチャド滞在経験にあった。

　「おい，石山，このチャドを見て普通のアフリカだと思うなよ」。私がNGO「緑のサヘル」砂漠化対処プロジェクトの専従職員としてアフリカ，チャド共和国の首都ンジャメナにはじめて降り立った日，空港まで迎えにきてくれた前任者の山田高司さんからいわれたことである。豊富なアフリカ経験をもつ山田さんの目から見て，チャドは彼が訪れたアフリカ諸国の中でとりわけ貧しかったのであろう。その貧しさとは経済的，物質的，NGO活動を進める際の国家制度的な面だけではなく，人々の心持ちにさえも表れているとのことであった。

　こうして私のチャドでの生活がはじまった。私が赴任した場所は，首都ンジャメナから270km南東のバイリという町であった。このバイリとその周辺村落の住民グループが支援の対象であった。第10章において詳述するが，私が参加した砂漠化対処プロジェクトの活動内容は，住民による植林への支援を中心としたものであった。バイリでNGO活動にかかわった3年8ヵ月の滞在期間中，問い続けた疑問が2つあった。

　1つ目は「植林がバイリの人々にとって本当に必要なのか」ということ。2つ目は「チャドはなぜ貧しいのか」ということである。実際，赴任3年目の頃（プロジェクト開始4年目）に，「もう植林は十分だから他のことをしてくれ！」という意見が支援対象の住民から出てきたこともあった。

　チャドの駐在員を辞した後，自分の現地経験を客観視するべく大学院で研

i

究活動をはじめた。研究の目的は,「砂漠化とは何か」という問いを検討すること,砂漠化の背後に潜む「貧困問題」をチャドの人々の生活実態に即して考察することにあった。

しかし,研究が進むうちに「貧困」はチャド全体の構造的問題で,「植林」や「生活改善」事業では解決できない大きな問題であることにあらためて気がついた。

チャドが抱える構造的問題とは以下の2点にある。
① 植民地化による「内陸化」,それがもたらした「貧困」
② 「貧困」ゆえの「政治的混乱」と「紛争」

本書では,この2点を理解したうえで,あらためて私自身が携わった「緑のサヘル」の砂漠化対処活動を検討し,地球環境問題として理解され,かつ「土地の劣化」と定義される砂漠化の問題点を考察してみたい。

目　次

はじめに　i

序　章　サーヘル内陸国チャドの諸問題とその捉え方 …………… 1
第 1 節　サーヘル内陸国チャドが抱える諸問題　1
第 2 節　本書の位置づけとチャドを対象としたこれまでの研究　5
第 3 節　チャドの自然環境・歴史文化・砂漠化——本書の構成　6

第 I 部　チャド盆地の地理・生業・文化 ………………… 9

第 1 章　チャド盆地の自然環境 ……………………………11
第 1 節　チャド盆地の地形　11
第 2 節　チャド盆地の水文環境　12
第 3 節　チャド盆地の気候と植生　15
第 4 節　チャド盆地の動物相と家畜　18
第 5 節　サーヘルとスーダンの歴史的文化的意味　18

第 2 章　チャドの農牧漁業……………………………………………………21
　　第 1 節　チャドの農牧漁業の地理的分布　21
　　第 2 節　中部・南部中心の農業　24
　　第 3 節　北部・中部中心の牧畜　34
　　第 4 節　河川と湖沼の漁業　38

第 3 章　チャドの人口分布・民族・文化 ……………………………………41
　　第 1 節　チャドの人口分布　41
　　第 2 節　チャドの諸言語　46
　　第 3 節　宗教分布　50
　　第 4 節　生業からみた民族分布　50

第Ⅱ部　サーヘル内陸国チャドの形成と近代政治経済史 ……53

第 4 章　サハラ交易とサハラ南縁のイスラーム文明形成………………55
　　第 1 節　南北交易と東西交易　55
　　第 2 節　カネム・ボルヌ帝国　59
　　第 3 節　カネム・ボルヌ帝国の衛星国家としての
　　　　　　イスラーム諸王国　61
　　第 4 節　チャド盆地周縁の諸王国　62
　　第 5 節　マフディー帝国とラバー帝国　63
　　第 6 節　チャド盆地南部の非イスラーム王国と非イスラーム民　64

第 5 章　フランス領チャドの形成 ……………………………………………67
　　第 1 節　英仏独のアフリカ分割競争　67
　　第 2 節　フランスのチャド湖への到達　69
　　第 3 節　植民地チャドの完成　72

第 6 章　フランス領チャドの植民地経営と独立後の経済 ················ 73
　　第 1 節　チャドの内陸化　73
　　第 2 節　西部，南部中心の植民地経営　78
　　第 3 節　石油開発　82

第 7 章　チャド独立後の政治紛争史 ······································· 87
　　第 1 節　植民地期の二大政党　88
　　第 2 節　初代トムバルバイ政権と南北対立　90
　　第 3 節　南北対立から北北対立へ　96
　　第 4 節　デビの長期政権　102

第Ⅲ部　サーヘル内陸国チャドの砂漠化と住民生活 ········ 107

第 8 章　サハラ南縁の気候変動と砂漠化 ································· 109
　　第 1 節　サハラとサハラ南縁の気候変動　109
　　第 2 節　砂漠化問題の歴史　112
　　第 3 節　砂漠化対処の変遷　117

第 9 章　チャド湖南岸の住民生活と砂漠化 ······························ 121
　　第 1 節　チャド湖岸地域の人口分布と民族　121
　　第 2 節　カネムブの南下とトゥルバの形成　124
　　第 3 節　チャド湖南岸の多様な生業　138

第 10 章　NGO「緑のサヘル」の砂漠化対処活動 ···················· 145
　　第 1 節　環境 NGO「緑のサヘル」の設立　145
　　第 2 節　2 ヵ所の活動地と活動体制　147
　　第 3 節　バイリにおける砂漠化対処活動　150
　　第 4 節　トゥルバにおける砂漠化対処活動　163

第 11 章 改良カマドの実際の使用条件下での効率 …………………… 171
　　第 1 節　カマドをめぐる 2 つの合理性　172
　　第 2 節　調査世帯の料理環境　175
　　第 3 節　3 世帯の料理方法の比較　179
　　第 4 節　薪消費量の差異　185
　　第 5 節　薪消費量に差異が生じる理由　192
　　第 6 節　世帯 C の薪消費量が世帯 A, B よりも少なかった理由　193

終　章　サーヘル内陸国チャドの貧困・紛争・砂漠化の構造 ……… 197
　　第 1 節　貧困の構造　197
　　第 2 節　紛争の構造　200
　　第 3 節　砂漠化の構造　202

　　あとがき　205
　　本書に関する現地調査　207
　　初出一覧　207
　　参考文献　210
　　索　　引　217

序章　サーヘル内陸国チャドの諸問題とその捉え方

第1節　サーヘル内陸国チャドが抱える諸問題

1　サーヘル内陸国

サーヘル国とは，サーヘル気候帯をその国土にもつアフリカ諸国家を意味し，サーヘル内陸国とは，その中で内陸部に位置する諸国家を指す。サーヘル気候帯とは，サハラ砂漠南縁に東西に帯状に広がる年雨量が200～600mm の乾燥地帯を指す。

サーヘル国家とは西から，モーリタニア，セネガル，マリ，ニジェール，チャド，スーダンの6ヵ国である。このうちサーヘル内陸国は，マリ，ニジェール，チャドの3ヵ国となる。場合によってはブルキナファソもサーヘル内陸国とされるが，ブルキナファソにおけるサーヘル気候帯は，国土の北端に含まれるにとどまる。それに対して，マリ，ニジェール，チャドの北端は極乾燥地サハラに深く入り込む（図0-1）。

2　貧困問題

サーヘル内陸3ヵ国は，深刻な貧困にみまわれてきた。

統計データが存在するアフリカ46ヵ国で比較すると，マリの2013年における1人当たり GDP は 657 ドルで 31 位，ニジェールでは 443 ドルで 42 位とアフリカ最下位グループを形成する。チャドも従来は最下位グループの一

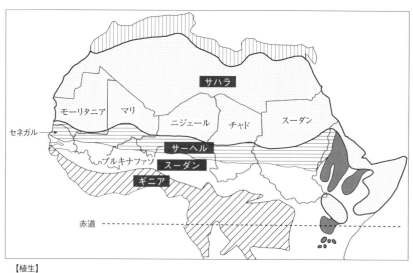

図 0-1　アフリカの気候・植生帯とサーヘル諸国
注）白抜き文字は気候帯名を示す。

員であったが，2013年のチャドの1人当たりGDPは，1,018ドルと，マリ，ニジェールよりも高い数値を示すが，これには説明を要する（表0-1）。

　チャドでは2003年以来，石油輸出がはじまり，輸出額はGDPの30～40％を占めるまでになった。その結果，マリやニジェールと同レベルであったGDPは大きく押し上げられたのである。しかし，石油収入の恩恵はチャド国民には届かない。GDPに，平均余命，識字率，就学率を加味して算出されるチャドの人間開発指数においては，世界186ヵ国中184位（2013年）と最下位グループに転落する。この順位はマリの177位，ニジェールの188位と同程度の低さである（UNDP 2013）。

表 0-1　サハラ以南アフリカ諸国の 1 人当たり GDP と人間開発指数

国名	国民 1 人当たり GDP 2013 年（US ドル）	人間開発指数	人間開発指数の世界順位（サハラ以南アフリカ内順位）	立地
赤道ギニア	20,572	0.556	144（12）	沿岸国
セイシェル	15,046	0.756	71（2）	島嶼国
ガボン	12,302	0.674	112（4）	沿岸国
モーリシャス	9,160	0.771	63（1）	島嶼国
ボツワナ	7,136	0.683	109（3）	内陸国
南アフリカ	6,621	0.658	118（5）	沿岸国
アンゴラ	5,846	0.526	149（14）	沿岸国
ナミビア	5,667	0.624	127（7）	沿岸国
カーボベルデ	3,837	0.636	123（6）	島嶼国
スワジランド	3,313	0.530	148（14）	内陸国
コンゴ	3,295	0.564	140（9）	沿岸国
スーダン	2,070	0.473	167（26）	沿岸国
ガーナ	1,730	0.573	138（8）	沿岸国
ナイジェリア	1,692	0.504	152（16）	沿岸国
サントメ・プリンシペ	1,612	0.558	142（11）	島嶼国
ザンビア	1,542	0.561	141（10）	内陸国
カメルーン	1,271	0.501	152（16）	沿岸国
南スーダン	1,262	統計なし	統計なし	内陸国
チャド	1,218	0.372	185（42）	内陸国
レソト	1,194	0.486	163（22）	内陸国
コートジボワール	1,175	0.452	172（29）	沿岸国
モーリタニア	1,127	0.487	163（23）	沿岸国
セネガル	1,073	0.485	164（24）	沿岸国
ケニヤ	1,016	0.535	147（13）	沿岸国
ジンバブエ	987	0.492	156（19）	内陸国
コモロ	920	0.488	159（20）	島嶼国
ベナン	805	0.476	166（26）	沿岸国
シェラレオネ	784	0.374	184（41）	沿岸国
ブルキナファソ	729	0.388	180（39）	内陸国
タンザニア	703	0.488	159（20）	沿岸国
ルワンダ	698	0.506	151（15）	内陸国
マリ	657	0.407	177（34）	内陸国
トーゴ	640	0.473	167（27）	沿岸国
ウガンダ	626	0.484	165（25）	内陸国
モザンビーク	593	0.393	179（36）	沿岸国
ギニア	565	0.392	180（37）	沿岸国
エリトリア	544	0.381	183（40）	沿岸国
エチオピア	542	0.435	174（31）	内陸国
ギニア・ビサウ	524	0.396	178（35）	沿岸国
マダガスカル	488	0.498	155（18）	島嶼国
リベリア	474	0.412	176（33）	沿岸国
ガンビア	453	0.441	173（30）	沿岸国
ニジェール	443	0.337	188（45）	内陸国
RD コンゴ	398	0.388	187（44）	沿岸国
中央アフリカ	334	0.341	186（43）	内陸国
ブルンジ	303	0.389	181（38）	内陸国
マラウィ	223	0.414	175（31）	内陸国

出典）UNDP 2013.

3　紛争問題

アフリカの紛争が国際社会の強い関心を集めはじめたのは1990年代のことであるが（竹内 2009），サーヘル内陸3ヵ国は1960年の独立以来，紛争が多発してきた国家である。

チャドにおいても，独立以来紛争が繰り返されてきた。独立6年後の1966年には，南部出身初代大統領フランソワ・トムバルバイ（François Tombalbaye）に対する反政府勢力チャド国民解放戦線（Front de Libération National du Tchad, FROLINAT）が結成され，チャド北半分の砂漠地帯を支配下におさめた。

さらに1973年には，チャド北部のアオズ地域がリビアによって侵攻された。1979年以降，チャドの大統領は北部出身者によって占められるようになったが，それまでの南北対立にかわって，北部諸勢力間の対立と紛争が常態化した。1990年以来,歴代チャドの最長政権となったイドリス・デビ（Idriss Déby）政権下においても，なお反政府活動が収まる気配はない。

4　砂漠化問題

砂漠化もサヘール内陸国が抱える深刻な問題である。砂漠化は2つの意味でサーヘル内陸諸国に深刻な問題をもたらした。

第1は，干ばつの問題である。1969年来，サハラ南縁地域は干ばつにみまわれてきた。この干ばつによってサーヘル内陸国の農牧漁業生産は大きな打撃を受けた。

第2は，砂漠化理解の問題である。1972年から73年にかけてサハラ南縁に起きた激しい干ばつが国際社会の関心を集め，砂漠化として国際社会に認識されるに至った。

1994年に締結された国連砂漠化対処条約が砂漠化を「土地の劣化」と定義したことによって（UNCCD 1997），砂漠化理解と砂漠化地域で実際に起こっている諸問題との乖離が増長された。

特に問題なのは，砂漠化の主要因として「過耕作」「過放牧」「過伐採」があげられたことであった。砂漠化地域の人々は，生活のために畑を耕し，家畜を飼い，木を切って薪をとってきた。貧困の状況の中で生きるために営まれるこれらの行為が，砂漠化の枠組みの中で，人為的要因としてその実態が十分に理解されないまま問題視されてしまったのである。砂漠化対処と住民生活の改善および貧困の克服との間に矛盾があることを，筆者は自らが砂漠化対処活動に参加する中で感じるに至った。

第2節　本書の位置づけとチャドを対象としたこれまでの研究

　チャドを対象とした個別の研究は多数の蓄積がある。本書と深く関係する研究を以下にあげる。
　カネム・ボルヌ帝国とその衛星国家の歴史を著したユルヴォイ（Urvoy 1949），地理学的研究ではロゴンヌ川中流域を対象としたカボ（Cabot 1965），チャド湖岸地域を対象としたブケ（Bouquet 1974, 1991）がある。
　独立以来，政情不安定が続くチャドの近政治史研究では，植民地期の政治史（Le Coenec 1963, Lanne 1998），初代大統領フランソワ・トムバルバイ時代の政治史（Haggar 2007），北部人が中心となって結成した反政府勢力FROLINATの活動を詳細に記録した研究（Buijtenhuijs 1987），独立チャド紛争史を考察した研究（Bangoura 2005）がある。
　近年注目が集まるチャドの石油開発が，人や社会に及ぼす影響を取りあげた社会学研究も進められている（Géraud 2013）。
　サハラ南縁の気候変動に関する研究も多数あるが，本研究に深く関係するところでは，門村（1991, 1992, 1999, 2007），門村・勝俣編（1992），マレイ（Maley 1981, 1993）の研究がある。
　しかしチャドが抱える諸問題を構造的に明らかにした研究はまだない。本書は，貧困・紛争・砂漠化といったチャドの諸問題の構造を主に環境人類学の視点から明らかにしようとするものである。本書でいう環境人類学とは，

2つの要素から構成される。第1は，池谷（2003：8）が提起する，「地球環境問題を文化人類学的に研究する手法」である。特に，第Ⅲ部において，砂漠化問題に関する一般的理解と地域住民の生活との間にある隔たりを論ずる際にこの視点が重要となる。

　第2は，歴史自然環境分析の観点である。歴史自然環境分析とは，歴史と環境条件への理解を伴った地域・社会の考察手法である（嶋田 2007）。本書の主題は，サーヘル内陸国チャドの貧困・紛争・砂漠化の問題であるが，こうした現代的問題の少なからぬ部分が，自然環境との関連，過去の歴史の上に蓄積しており，歴史自然環境分析によって問題の深い理解が可能となる。

　また本書は同時に，チャド国家誌の研究でもある。小川（1998）は国家における文化と政治・経済の相互関連を，隣接諸地域と世界システム動向を見据えつつ描き出す「国家誌」を提唱した。本書は小川のアイデアをふまえつつ，先に記した歴史的側面，自然環境的側面にも注目する。

　本書の研究が複合的な方法論を選んだのは，チャドの貧困，紛争，砂漠化の問題を理解するためには個別分野の研究を深めていくよりも，自然環境とそれに立脚した生業と文化，動態的な地域史，植民地体制を引き継いだチャド国家システム，地域の気候変動，地球環境問題としての砂漠化とその問題点の構造を統合的に考察する必要があるからである。

第3節　チャドの自然環境・歴史文化・砂漠化——本書の構成

　本書は3部から構成される。

　第Ⅰ部「内陸チャド盆地の地理・生業・文化」は3つの章より構成される。

　第1章では，内陸チャド盆地の多様な自然を考察する。チャドがその東半分を占めるチャド盆地の気候学的特徴は，北半分を占める砂漠，砂漠から南下するにしたがい急激に増す湿潤度にある。水文学的特徴は盆地中央に位置する内陸湖であるチャド湖と，チャド湖に注ぐ河川が形成する広大な氾濫原にある。

第2章では，多様な自然環境に応じたチャドの生業の多様性を考察する。植民地期に推進された換金作物栽培についても考察する。

　第3章では，チャドの人々の多様性について，人口密度，文化，民族の観点から論ずる。これらの3点がアフリカ大陸のほぼ中央というチャドの地理的位置を反映してまた多様であることを示してみたい。

　第Ⅱ部「サーヘル内陸国チャドの形成と近代政治経済史」は以下の4章から成る。

　第4章で考察するのは，チャド盆地の歴史的発展である。第Ⅰ部で論ずるチャドの地理的多様性と生業の多様性は，歴史時代を通じたサハラ南縁イスラーム文明の発展を支えた第1の要因であった。チャド盆地のイスラーム文明発展の第2の要因は北アフリカを結ぶサハラ交易の発達であった。この交易に刺激されてサハラ南縁には多くのイスラーム王国が成立し，チャド盆地はサハラ南縁イスラーム文明の中心地の1つとなった。

　第5章では，フランスによるチャド植民地の形成を考察する。植民地化によるチャドの内陸化が，サハラ南縁イスラーム文明の先進地であった，チャドの後進化の重要な要因となった。

　第6章では，内陸化がチャドへもたらした重大な経済的悪影響について論ずる。フランス，イギリス，ドイツ，イタリアによるチャド盆地の恣意的分割は，チャドの植民地経営に大きな困難をもたらした。植民地境界は独立チャド経済にも引き継がれ，これがチャドの貧困の重大な要因となった。

　第7章では，チャド独立後の紛争を考察する。チャドの植民地化が意味したものは，チャドの内陸化によるチャドの経済の疲弊であり，サハラ交易によって経済的にも文化的にも発展したチャドのイスラーム文明の破壊であった。さらに，それに伴うチャドの北部と南部の政治経済的逆転でもあった。

　第Ⅲ部では「サーヘル内陸国チャドの砂漠化と住民生活」を，以下の4つの章によって考察する。

　第8章で論ずるのはサハラ南縁の気候変動と砂漠化の問題である。サハラ南縁地域の気候変動の詳細な研究が進み，2万年来の詳細が明らかになって

いる。他方1969年来の干ばつは，国際社会において砂漠化として理解されるに至る。そして1994年に締結された国連砂漠化対処条約では砂漠化が「土地の劣化」として定義された。このプロセスに伴うように，地域住民の生活改善を考慮しない多数の植林中心の砂漠化対処がおこなわれた。

第9章では，チャド湖南岸地域を事例に砂漠化状況下に生きる人々の生業と移住の問題を論じる。チャド湖南岸では，地理的条件に応じた農業，牧畜，漁労だけでなく，乾季の商業活動，賃労働といった多様な生業が営まれる。こうした多生業に加えて，移住も気候変動への重要な対処であったことを考察する。

第10章では，環境NGO「緑のサヘル」のチャドにおける砂漠化対処活動が，地域住民が抱える諸問題解決に寄与できなかったことを論ずる。

第11章で論ずるのは，改良カマドの問題である。改良カマドの目的は，家庭における薪消費量の節約にあった。開発援助によって，改良カマドの普及がこころみられたが，改良カマドの使用は薪消費量減少に結びつかなかったことを本章では明らかにする。

第I部
チャド盆地の地理・生業・文化

第1章　チャド盆地の自然環境

　アフリカ大陸最奥部に広がるチャド盆地は多様な自然環境を抱えている。この自然環境が，チャド盆地の農牧漁業と人間生活を支えてきた。気候からみると，北半分を占める極乾燥のサハラ気候から南端のギニア気候まで，異なる複数の気候帯が分布する。それと対応するように，植生景観も盆地の北半分を占める砂漠から南端の森林地帯までと変化に富むのがチャド盆地の自然環境である。これに河川，湖沼とそれらが形成する氾濫原が加わる。

第1節　チャド盆地の地形

　チャド盆地はアフリカ大陸のほぼ中央に位置する。内陸の盆地であるゆえ，周囲の山地から流れ込む河川はすべて，盆地中央に位置する巨大な内陸湖チャド湖に流入する。

　しかし盆地の北半分は砂漠であるので，チャド湖に流れ込む河川は南半分からのものに限られる。事実上，チャド湖に流れ込む河川は，チャド南部から流れ込むシャリ川，ロゴンヌ川，盆地西部のナイジェリアから流れ込むコマドゥ・ヨベ川の3河川となる。東部より流れ込むバル・エル・ガザル川最下流部は伏流となるため，チャド湖に水が直接流れ込むことはない。

　シャリ川の源流は盆地南端のウバンギ高地，ロゴンヌ川の源流は同じく盆地南端のアダマワ山地，コマドゥ・ヨベ川の源流は盆地西端のジョス高原に

ある。

チャド盆地は四方を山地によって囲まれている（図1-1）。

これらの山地から，盆地中央標高280mのチャド湖に向かって標高が下がっていく。ただし，盆地の最低標高地はチャド湖ではなく，その北東500km付近の砂漠に広がる標高200m以下のボデレ低地である。

第2節　チャド盆地の水文環境

1　河川

チャド盆地の周囲の山地から，盆地中央のチャド湖に向かって流れる河川のうちもっとも流水量が多いのは，南から流れ込むシャリ川（全長1,200km）とロゴンヌ川（全長950km）である。西からコマドゥ・ヨベ川（全長1,200km），東からバル・エル・ガザル川（全長540km）も流れ込むが，これらの2河川はサハラに接して流れる季節河川で，流水量はきわめて少ない。

これらの4河川のうち年間を通じて恒常的水流があるのは，シャリ川とロゴンヌ川のみである。シャリ川源流域のウバンギ高地，ロゴンヌ川源流域のアダマワ山地は年雨量1,200〜1,700mmのギニア気候帯に位置するため，源流部の豊富な降雨が恒常的水流をもたらすのである。

ロゴンヌ川は，チャドの首都ンジャメナ付近でシャリ川に合流し，チャド湖へと注ぐ。チャド湖への水供給の90％以上を占めるのがこの2河川からの流入水である（門村1991）。

シャリ川，ロゴンヌ川の流量は流域の降雨季節変動と対応して乾燥地河川特有の激しい季節変動を示す。

ンジャメナにおけるシャリ川の平均流量は，源流部の雨季のピークから2ヵ月遅れる10月に最高値（1932〜1993年平均値で3,800m^3/s）を，乾季の末期の5月に最低値（同期間平均値でおよそ150m^3/s）を示す。その差は25倍となる（Olivry et al. 1996）。

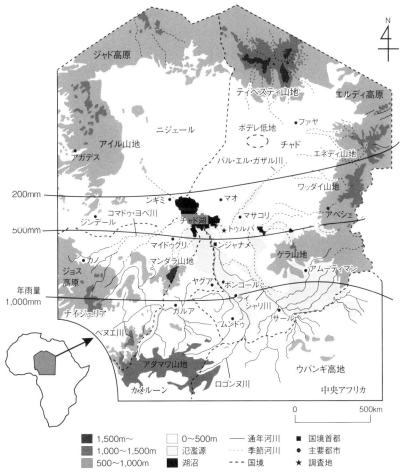

図 1-1　チャド盆地の地形

注）チャド盆地を囲む山地．
　①北側：ジャド高原（平均標高 1,000m），ティベスティ山地（最高峰 3,414m），エルディ高原（平均標高 700m）
　②東側：エネディ山地（最高峰 1,450m），ワッダイ山地（最高峰 1,320m），ゲラ山地（最高峰 1,506m）
　③南側：ウバンギ高地（平均標高 500m 未満），アダマワ山地（最高峰 2,650m）
　④西側：アイル山地（平均標高 1,000m），ジョス高原（平均標高 1,000m），マンダラ山地（最高峰 1,494m）

2　チャド湖

　シャリ川，ロゴンヌ川の流量季節変動は，チャド湖水域の拡大・縮小に大きな影響を与える。チャド湖の水深は大変浅いため，河川流入水量の増減によってその湖水面積が激しく変化するのである。実際，チャド湖水域の変動はチャド盆地の降雨傾向の指標となってきた。降雨が豊富であった1960年代初頭には2万～2万5,000km^{2}であったチャド湖水面積は，極端な少雨が続いた1980年代に1,000～1,500km^{2}にまで激減した（中山・田中1990，門村1999）（写真1-1)。

3　氾濫原

　シャリ川，ロゴンヌ川流域では増水期に広大な氾濫原が形成される。同時に肥沃な堆積土が蓄積される。この肥沃な土地がチャド中南部の稠密人口を支えてきた。

　特に，ロゴンヌ川中流一帯からチャド湖に向かっては，右岸のチャド，左岸のカメルーンともに，広大な氾濫原が形成される。かつてはチャド湖南岸にはヤエレと呼ばれる広大な湿地性森林が形成されていた。現在ヤエレの森林は消えて大湿原となり，カメルーンでは国立ヤエレ自然公園に指定されている。

　ロゴンヌ・シャリ川とその周囲の氾濫原は優れた漁場で，コトコ，トゥプリなどの漁民が生活している。植民地化後は，この大氾濫原が稲作地として注目されて広大な水田開発がおこなわれた。

　氾濫原はチャド湖岸にも形成される。チャド湖南岸に形成されるシャリ川デルタも雨季には広大な氾濫原となる。また，チャド湖東岸にも広い氾濫原が形成される。チャド湖東岸の地形は，南西‐北東方向の細長い砂丘が多数発達し，それらの砂丘間にはチャド湖分枝流が流れ込むため，ここで氾濫原農業が可能となるのである。

写真1-1 チャド湖水域の変動（左：LANDSAT MSS 1973年10月撮影，右：LANDSAT TM 1987年1月撮影）

第3節　チャド盆地の気候と植生

1　気候分布

　チャド盆地の気候的特徴は，盆地の北半分を占める砂漠気候と南半分のステップ・サヴァンナが広がる乾燥気候に分けられる。南半分のステップ・サヴァンナ気候帯では，南に向かうにしたがって湿潤度が著しく増す。

　もう少し詳しくみてみると，チャド盆地は年雨量の多寡によって，北から南へ以下の5つの気候帯に分類される。

① 砂漠気候帯：年雨量は年間200mm 未満である。1年の大半は雨が降らないが，1〜2ヵ月の間降雨があることもある（図1-2）。
② サーヘル気候帯：年雨量は200〜600mm。1年が短い雨季と長い乾季に分かれる。雨季は2〜4ヵ月（図1-3）。
③ スーダン気候帯：年雨量は600〜1,200mm。1年が長い雨季と短い乾季に分かれる。雨季は5〜6ヵ月（図1-4）。
④ ギニア気候帯：年雨量は1,200〜1,700mm。1年に2回の雨季と2回の乾季がある（図1-5）。チャド盆地の南端はギニア気候帯の北限となる。
⑤ 熱帯雨林気候帯：チャド盆地域内には含まれないが，ギニア帯の南は

熱帯雨林気候帯である。年雨量は1,700mmを超える。ここでは1年の大半が雨季となる。

しかしこうしたチャド盆地の気候は，アフリカの自然史の中で激しい変動が繰り返されてきた。最近の研究では2万年来の気候変動の詳細が明らかになっている（門村 1992）。

2　植生分布

チャド盆地の植生帯分布は，年雨量分布とおおまかに対応してきた。すなわちサハラから南に進むにしたがって，砂漠，サーヘル性ステップ，スーダン性サヴァンナ，ギニア性サヴァンナへと移行する（図1-6）。

① 砂漠：砂と岩石が卓越する地帯である。オアシスやワジなどの地下水位が高い場所には潅木，草本が自生する（写真1-2）。
② サーヘル性ステップ：短草草原にアカシア類の潅木が点在する（写真1-3）。
③ スーダン性サヴァンナ：高草丈の草原に疎林が広がる（写真1-4）。
④ ギニア性サヴァンナ：高木が広がる森林地帯（写真1-5）。
⑤ 熱帯雨林：熱帯雨林気候同様にチャド盆地には含まれないが，ギニア性サヴァンナのさらに南は常緑広葉樹の密林地帯となる（写真1-6）。

チャド盆地の気候とほぼ対応して，チャド盆地の植生は南半分において，急激に変化する特徴をもつ。すなわちサーヘル性ステップ景観からギニア性サヴァンナ森林景観までの連続的変化がおよそ500kmという短い距離の間に起こるのである。

3　人間活動による植生分布の変化

しかし人間活動の影響を強く受ける植生帯の分布は，農地開墾などの人間活動の影響によって大きく変動してきた。特に，年雨量自体が大きく低下し

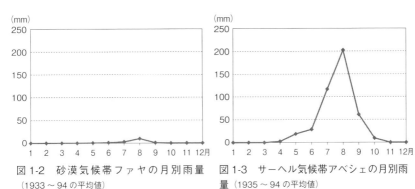

図1-2 砂漠気候帯ファヤの月別雨量
（1933〜94の平均値）
出典）Beauvilain（1995: 34）より筆者作成。

図1-3 サーヘル気候帯アベシェの月別雨量（1935〜94の平均値）
出典）Beauvilain（1995: 13）より筆者作成。

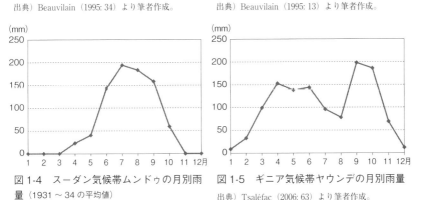

図1-4 スーダン気候帯ムンドゥの月別雨量（1931〜34の平均値）
出典）Beauvilain（1995: 51）より筆者作成。

図1-5 ギニア気候帯ヤウンデの月別雨量
出典）Tsaléfac（2006: 63）より筆者作成。

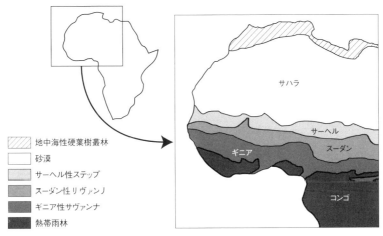

図1-6 北部・西部アフリカの植生区分
出典）門村（1993: 47）より筆者作成。

た近年の干ばつ期の変動は大きく、かつては年雨量600mmであったステップの植生帯の南限は、現在では年雨量900mm地帯まで南下した。ギニア帯の森林においても、樹木は伐採され、焼き払われ、スーダン帯のサヴァンナ草原性の植生は、年雨量1,500mm以上の地域まで広がった。

他方、紀元前から灌漑農業がおこなわれてきたサハラ・オアシスでは、ナツメヤシの人為植生がみられる。

第4節　チャド盆地の動物相と家畜

チャド盆地の大半を占めるサハラ、サーヘル帯、スーダン帯には、アンテロープやガゼルをはじめとしたウシ科の草食哺乳動物が広く分布する。ウシ科草食動物がこの地域に広く分布できるのは、その反芻消化機能による。チャド盆地に多く生育するイネ科草本は、セルロースを多く含み、それを消化するためには反芻機能が不可欠だからである。

ウシ科動物の分布は、ラクダ、ウシ、ヤギ、ヒツジといった反芻家畜飼育の適地であることを示す。サハラにラクダが導入されたのは4世紀、ウシ牧畜が盛んになったのは13世紀であるが、その前提には、イネ科草本植生の存在があった。

第5節　サーヘルとスーダンの歴史的文化的意味

サーヘル、スーダンという語は、自然地理学的意味合いで使用される場合が多いが、その語源には歴史的文化的意味を有していた。

サーヘルという語はアラビア語で岸や縁を意味する。8世紀に北アフリカから南に向かってイスラームが拡大して以来、サハラには、アラビア半島あるいは北アフリカとサハラ以南を結ぶ多数の交易路が開かれてきた。「陸の船」であるラクダが越えてくる砂漠を海とみたてると、その岸辺がサーヘルなのである。つまりサーヘルは、サハラ砂漠南縁部の帯状半乾燥地帯を指す

写真1-2 砂漠の景観.サハラのワジ沿いに自生する灌木(アルジェリア)

写真1-3 チャド湖南岸のサーヘル性ステップの景観(チャド)

写真1-4 スーダン性サヴァンナの景観(カメルーン)

写真1-5 ギニア性サヴァンナの景観(カメルーン)

写真1-6 熱帯雨林の景観(カメルーン)

が，歴史的には，サハラとその北の地中海・中東文化がサハラの黒人系文化と出会う地帯を意味する。その範囲は，植生や気候で規定された半乾燥地帯に厳密には限定されない。

　国際色豊かなサーヘル地域には，11世紀頃からガーナ帝国やカネム・ボルヌ帝国をはじめとして，さまざまな都市・国家文化が形成されてきた。この意味でのサーヘルはサハラ砂漠以南のアフリカ文明中心地であったが，その範囲はスーダン性サヴァンナ地帯にまで広がっている。

　サハラ砂漠南縁の乾燥・半乾燥地帯は，サーヘル・スーダン地帯とも呼ばれる。スーダンとはアラビア語で，サハラ砂漠以南の黒人世界を意味した言葉である。サーヘル地域に成立した伝統的都市・国家はサーヘルという形容詞をつけて呼ばれるよりも，スーダンという形容詞をつけて呼ばれるほうが一般的であった。あるいは，サーヘル・スーダン国家・都市と呼ばれる。つまり，人を中心にしたスーダンという概念と，地理的なサーヘルという概念は重なりあっている。しかし，サーヘル，スーダンという概念が，サハラの南の気候植生区分に適用させられたため，サハラに接した半乾燥地帯がサーヘル地帯，その南のやや湿潤な乾燥地帯がスーダン地帯と呼ばれるようになったのである。[1]

---

[1] 本研究では，基本的にサーヘルとスーダンを自然地理学的意味で用いるが，サハラ南縁の歴史文化を論じる第4章においては，歴史文化的意味でスーダンと表現する。

第2章 チャドの農牧漁業

第1節 チャドの農牧漁業の地理的分布

チャド盆地の多様な自然環境は，多様な農牧漁業生産の基盤となる。盆地の東半分を占めるチャドでもそれは同様である。

チャドの農牧漁業の地理的構造は，以下の4点によって特徴づけられる（表2-1，図2-1）。

表2-1 チャド盆地の気候・水文環境と農牧漁業

気候帯・水文環境 （年雨量）	農業		牧畜		漁労	
	可否	主要作物	可否	主要家畜	可否	条件
サハラ （0～200mm）	△	ナツメヤシ （オアシスに限る）	○	ラクダ	×	
サーヘル帯 （200～600mm）	○	トウジンビエ	○	ラクダ ウシ	△	河川・湖沼 では可能
スーダン帯北部 （600～900mm）	○	ソルガム，イネ， 綿花	○	ウシ ヤギ	△	河川・湖沼 では可能
スーダン帯南部 ギニア帯北部 （900～1,500mm）	○	ソルガム，キャッサバ， ラッカセイ，綿花	△	ウシ ヤギ	△	河川・湖沼 では可能
氾濫原	○	トウモロコシ，ベレベレ（乾季作ソルガム），イネ	○	ウシ，ヤギ	○	漁場豊富

○＝可能　△＝条件次第で可能　×＝不可能

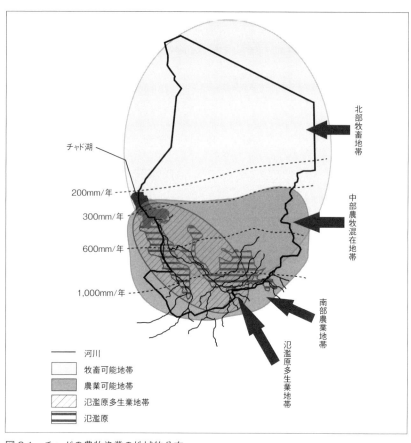

図 2-1 チャドの農牧漁業の地域的分布

① 北部牧畜地帯（サハラ，サーヘル帯）
② 中部農牧混在地帯（スーダン帯北部）
③ 南部農業地帯（スーダン帯南部，ギニア帯北部）
④ 氾濫原多生業地帯

これらの地域では，自然条件と対応した農牧漁業生産が発達した。年雨量

が200mmを下回り天水農業がほぼ不可能な北部の砂漠地帯では，ラクダを中心とした牧畜とオアシスでのナツメヤシ灌漑農業が生産の中心である。サハラのすぐ南に位置するサーヘル帯北部ではウシを中心とした牧畜が主たる生業となる。

年雨量が300mmラインより南では天水農業が可能となる。サーヘル帯南部では，乾燥気候に適したトウジンビエ（*Pennisetum glaucum*）（写真2-1），さらにその南ではトウジンビエよりも湿潤環境に適したソルガム（*Sorghum bicolor*）（写真2-2）が主作物となる。氾濫原においてはトウモロコシ（*Zea mays*），イネ（*Oriza sativa*），ベレベレ（写真2-3）と多様な穀物が主作物となる。ベレベレとは乾季作のソルガムで，6月から9月にかけての雨季に栽培される通常のソルガムとは農事歴が異なる。播種は雨季の終わりで，収穫は乾季の1月から2月となる。それが可能なのは乾季にも土中水分が十分に残る氾濫原に栽培されるからである。

上記の4つの地帯の中で注目すべきは氾濫原地帯である。氾濫原は，農業，牧畜，漁業といった多様な生業が可能な地域である。1999年時点における

写真2-1　トウジンビエ（チャド湖南岸）

写真2-2　ソルガム（チャド湖南岸）

写真2-3　チャド湖氾濫原で栽培されるベレベレ

氾濫原耕地面積は，アフリカ耕地面積全体の7.8％しかなく，チャドに至っては0.6％でしかないとの過小評価が与えられるが（FAO 2003），実はこの氾濫原こそ乾燥地の豊かさを支える重要な要因なのである（表2-1）。

第2節　中部・南部中心の農業

チャドで農業が営まれる地域は，サハラのオアシス，年雨量300mm以上の天水農業地帯，氾濫原である。このうち農業生産の中心となるのは，チャド中部から南部にかけての，年雨量300mm以上の天水農業地帯である。農業地帯における栽培作物と生産量は，地域の自然環境と歴史的経緯によって異なる。以下，チャドの農業を以下の6種に分類して考察する（図2-2,2-3, 2-4）。

① サハラ・オアシスのナツメヤシ灌漑農業
② サーヘル帯の穀物農業
③ スーダン帯北部の穀物農業
④ スーダン帯南部の穀物と新大陸起源作物栽培
⑤ 氾濫原農業
⑥ 植民地期に導入された換金作物栽培

1　サハラ・オアシスのナツメヤシ灌漑農業

降雨がほとんどない極乾燥下のサハラにおいて，農業が営まれるのはオアシスに限られる。チャドの北部砂漠地帯においてもそれは同様で，チャド北半分の砂漠地帯に点在するオアシスでは，ナツメヤシ（*Phoenix dactylifera*）栽培を基盤としたオアシス灌漑農業が発達した。ナツメヤシとは，ヤシ科の植物で，西はモーリタニアから東はインドまでの砂漠地帯のオアシスで広く栽培される。その起源はペルシア湾岸で，サハラには紀元前1000年前後に

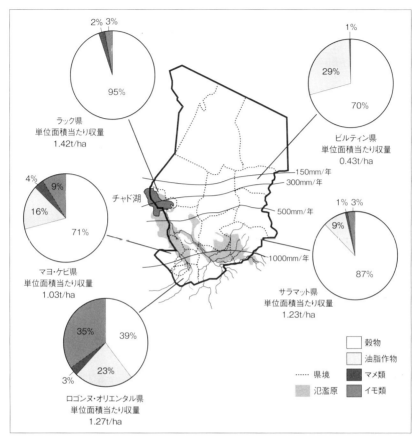

図2-2 チャド5県の農作物生産比率の比較
出典）Ministère de l'Agriculture et de la Pêche du Tchad（2002）より筆者作成。

伝わったと考えられている（Boivin and Fuller 2009）。

　ナツメヤシの実（以下「デーツ」）は，非常に甘く，長期保存が可能であるため，オアシス住民の貴重な食糧となる。チャドにおけるデーツの年間生産量は2万t程度であるが（FAOSTAT 2012），デーツはオアシスで消費されるにとどまらず，チャド中南部の市場にも出荷されるし，サーヘル・スーダ

ン帯の牧畜民にとっても重要な携帯食となる。

ナツメヤシの樹間では，オアシス住民の貴重な食糧となる冬作のコムギ，夏作のトウジンビエが栽培される。

2　サーヘル帯の穀物農業

サーヘル帯でおこなわれる農業は，トウジンビエの天水栽培が中心である。トウジンビエとは穂がガマの穂のように長いイネ科の穀物である。その起源はニジェール川沿岸のサーヘル地帯である（中尾 1966）。トウジンビエは乾燥に強く，砂質土壌であっても1年のうち3ヵ月の雨季と300mm程度の年雨量があれば十分に生育する。

サハラとサーヘルにまたがる年雨量100～400mmのビルティン県の農業総生産は，およそ4万tで，単位面積当たりの収量も0.43t/haと多くはない。しかも，天水農業が可能なのは年雨量300mm以上のビルティン県の南半分でしかない。

ビルティン県の農業の中心は穀物生産である。農業総生産のうち穀物が占める比率はおよそ70％に達する。あとの30％は，油脂作物であるラッカセイと少量のササゲが占める（図2-2, 図2-3）。

ビルティン県で生産された穀物の内訳は，トウジンビエが全体の75％を占め，次いでソルガムが25％となる（図2-4）。ビルティン県の農業生産量全体に対する比率では，およそ半分がトウジンビエとなる。

3　スーダン帯北部の穀物農業

スーダン帯北部では，ソルガムの天水栽培が農業の中心となる。ソルガムもトウジンビエ同様アフリカ原産のイネ科穀物である。最新の研究によれば，その起源はスーダンのダルフールあたりであることがわかっている（Boivin and Fuller 2009）。

スーダン帯北部，年雨量700～1,000mm地域に位置するマヨ・ケビ県の農業生産量は，先にみたビルティン県の8倍以上と飛躍的に増大する。ただ

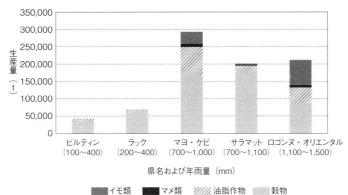

図2-3 チャド5県の農業生産量の比較

出典）Ministère de l'Agriculture et de la Pêche du Tchad（2002）より筆者作成。

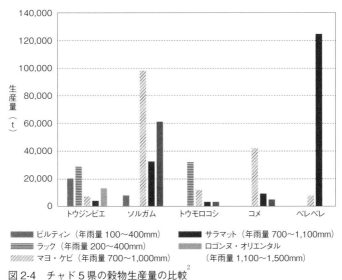

図2-4 チャド5県の穀物生産量の比較[2]

出典）Ministère de l'Agriculture et de la Pêche du Tchad（2002）より筆者作成。

---

2 図の根拠となった農業省統計によると，ラック県におけるソルガムとベレベレの生産量は記録されていない。しかし筆者の観察によって，ソルガムとベレベレの栽培が確認されている。

し，マヨ・ケビ県の耕地面積はビルティン県の4倍に達するので，1ha当たりの生産量は0.9tとなる。それでもビルティン県の2倍に達する。

　マヨ・ケビ県で生産される作物の内訳はビルティン県よりも多様化する。その内訳は，穀物が71％，油脂作物が16％，マメ類が4％，イモ類が9％となる。生産量からみれば穀物の重要性はサーヘル帯のビルティン県と同様である（図2-2，図2-3）。

　マヨ・ケビ県においてもっとも多く生産される穀物は，トウジンビエよりも湿潤な気候と土壌に適するソルガムである。その生産量は10万tを超え，穀物生産量全体の半分を占める。700〜1,000mmレベルの年雨量とロゴンヌ川がもたらす土壌水分がマヨ・ケビ県のソルガム栽培を支えるのである。

　マヨ・ケビ県ではソルガム以外の穀物も生産される。ソルガムの次に生産量が多いのは植民地期に栽培が推進されたコメである。その生産量は穀物全体の20％を占める。

　ソルガムとコメの他に，トウジンビエ，ベレベレ，新大陸起源のトウモロコシもマヨ・ケビ県において生産されるが，その生産量はそれぞれ穀物全体の6％程度にとどまる（図2-4）。

　この地域の農業生産性が高い理由は，ロゴンヌ川が運びこむ堆積土壌にある。ロゴンヌ川はその中流域に利用が困難な広大な氾濫原を形成するとともに，豊かな土壌も運んでくるのである。

4　スーダン帯南部の穀物と新大陸起源作物栽培

　スーダン帯南部からギニア帯にまたがる年雨量1,100〜1,500mmのロゴンヌ・オリエンタル県の農業生産の特徴は栽培種が多様化することだ。

　ロゴンヌ・オリエンタル県の農業総生産量は，マヨ・ケビ県の72％程度であるが，耕地面積もマヨ・ケビ県の58％にまで減少する。1ha当たりの生産量はマヨ・ケビ県よりも多い1.3tとなる（図2-2，図2-3）。この生産性の高さの要因は，ロゴンヌ川が形成する堆積土壌と新大陸起源の作物，とりわけイモ類の栽培である。

生産される作物の比率は，穀物が39％，油脂作物が23％，マメ類が3％，イモ類が35％となる。先にみたビルティン県，マヨ・ケビ県よりも穀物の比率が大幅に低下する（図2-2）。

　そのかわりラッカセイ，キャッサバといった新大陸起源の作物の比率が増える。その生産量は農業生産全体の半分以上を占める。つまりこの2種の作物を除けば，ロゴンヌ・オリエンタル県の農業生産は半減してしまうことになる。

　ロゴンヌ・オリエンタル県で生産される穀物の大半はソルガムであるが，トウジンビエ，コメ，トウモロコシ，ベレベレもわずかながら生産される（図2-4）。

5　氾濫原農業

(1) チャド湖岸における氾濫原農業

　サーヘル・スーダン地域において，氾濫原がもつ生産力は重要だ。チャド湖東岸一帯を占めるラック県の年雨量は，200～400mmの範囲で，これをみる限り天水農業限界地で，農業にはそれほど適していない。農業総生産も6万8,000tときわだって多いわけではない。

　しかし単位面積当たりの収量は高い。ラック県の単位面積当たりの収量は，1.4t/haに達し，マヨ・ケビ県，ロゴンヌ・オキシデンタル県の単位面積当たりの収量を上回り，ビルティン県の3倍以上にも及ぶ。この生産性の高さはチャド湖岸の肥沃な土壌による。

　ラック県で生産される栽培作物種は少ない。わずかながら油脂作物とマメ類が栽培されるものの，主体は穀物で，その中心はトウモロコシとトウジンビエである（図2-2，図2-3）。

　ラック県が位置するチャド湖東岸地方では，古くから小規模な人工灌漑を利用した集約的なコムギ栽培がなされ，15世紀にはすでにおこなわれていた（Zeltner 1980）。しかし現在，この人工灌漑地はトウモロコシ生産の場となる。チャド湖岸の氾濫原で生産されるトウモロコシは，首都であるンジャメナ住民の重要な食糧ともなる（写真2-4）。

写真2-4 チャド湖岸で栽培されるトウモロコシ

(2) 河川氾濫原におけるベレベレ栽培

チャド東南端に位置する，年雨量700～1,100mmのサラマット県の農業生産量は，およそ20万1,000tである。

その中心は穀物生産（87％）である（図2-1）。そのうちベレベレが70％を占める（図2-3）。サラマット県におけるベレベレ生産量はロゴンヌ・オリエンタル県の穀物総生産を上回るほどである。

サラマット県で多量のベレベレが栽培可能なのは，その水文環境によるところが大きい。北西から南東に向けて流れるシャリ川支流であるバル・サラマット川，バル・ケイタ川流域の氾濫源がベレベレ栽培の適地となるのである。川沿いの低地は，5月から10月までの雨季の耕作適期の間は広く氾濫するため，通常の天水農業には適さない。雨季末期から乾季にかけて水が引いた氾濫原で栽培可能なベレベレは，サラマット県の重要な農産物なのである。

人口希薄地帯のサラマット県で生産されたベレベレはチャド南部都市サールやムンドゥ，首都ンジャメナに輸送される。ところが，サラマット県の道路はすべて未舗装で，雨季の間に通行する大型トラックによって深い轍ができてしまう。財政状態がひっ迫するチャド政府が，雨季終了後に道路を修復

写真 2-5　氾濫原に広がるムスクワリ（カメルーン北部）

することはほぼ不可能だ。この劣悪な道路状況がベレベレの都市への運搬の大きな障害となる。

　乾季作のソルガム栽培は、ロゴンヌ川左岸のカメルーン北部のディアマレ地方でも多くみることができる。カメルーン北部では、乾季作のソルガムはムスクワリと呼ばれている（写真2-5）。ムスクワリは牧畜民フルベがもたらした穀物で、チャドで栽培されるベレベレよりも収穫量が多い。

6　植民地期に導入された換金作物栽培

(1) ロゴンヌ川中流域における稲作

　チャドにおける稲作の中心は、ロゴンヌ川中流域である。ここにはフランスによる植民地化まで利用されていなかった広大な氾濫原が広がっていた。ロゴンヌ川右岸を領有するチャドでは、マヨ・ケビ県、タンジレ県を中心に稲作がおこなわれる。ロゴンヌ川左岸を領有するカメルーンの稲作中心地はヤグアである。

　チャド側のマヨ・ケビ県のコメ生産量はおよそ4万2,000tで、マヨ・ケビ県の農業総生産の15％（図2-3）、穀物生産量の25％を占める（図2-4）。

実は植民地期に稲作が推進されるはるか以前から，カメルーン北部では牧畜民フルベによって伝統的な稲作がおこなわれていた。西アフリカから東進してきたフルベは，ニジェール川流域で古くからおこなわれていた稲作をチャド盆地にまでもたらしたのである。しかし，ロゴンヌ川中流域には，先に記したマサ，ムンダンなどの小王国がすでにあったため，フルベが侵入できず，稲作をもたらすことはなかった。

(2) 主要輸出産物の綿花

　綿花も稲作同様にフランス植民地時代に導入された作物である（写真2-6）。湿潤度が高いチャド西部と南部は綿花栽培に適した自然条件を備えている。

　他に有用な輸出品を産せず，ギニア湾岸の輸出積出港までのアクセスが劣悪であった内陸国チャドにとって綿花生産は重要な外貨獲得手段であった。

　しかし課題は多い。その課題とは，第1に，連続した綿花栽培による土地の疲弊の問題である。第2に，種子配布，収穫した綿花の買い入れ・加工を独占的におこなっている国策会社，チャド綿花会社（Coton Tchad）の経営

写真2-6　カメルーン北部で栽培される綿花

難である。チャド盆地西南部で綿花が栽培される隣国カメルーンの綿花開発会社（SODECOTON: Société de Développement du Coton）も同様の問題を抱える。

チャドの綿花生産量は，1997年の11万3,000tをピークに急激に下降した。2010年の綿花生産量は2万t以下にまで落ち込んだ。綿花生産衰退の背景にはチャド綿花会社の経営危機があった。チャド綿花会社による綿花回収が機能せず，農民は綿花の販売金を手にすることができなくなったのである。

深刻な経営危機に陥ったチャド綿花会社は，2012年にはチャド政府から800億CFA（1億2,200万ユーロ）もの投資を受けた。この投資を受けて新チャド綿花会社（Coton Tchad Société Nouvelle）が発足し，国際的商品作物としての綿花生産と流通の復興を計画している。

(3) ラッカセイ

ラッカセイ栽培も，植民地時代，換金作物としてアフリカ乾燥地に広く普及した。チャド盆地では，ナイジェリア北部のハウサ地方で大々的に発展した。

他方，チャドでも南部中心にラッカセイが広く栽培される。先にみたロゴンヌ川中流のマヨ・ケビ県におけるラッカセイ生産量は，およそ5万tで，農業総生産の17％を占める。

しかしラッカセイの商品作物化は困難であった。その主な理由は，ラッカセイ収穫期である乾季は，ベヌエ川の水量減少によって，ヨーロッパへの輸出拠点であったギニア海岸への水運が使えなくなっていたからである。1937年以来植民地政府は農民にラッカセイ栽培を強制したが，その試みは功を奏さず，1951年をピークに生産量は激減した。

だが，その後ラッカセイ生産量は再び増大した。綿花栽培による土地疲弊が進行し，綿花の代替作物としてラッカセイが増産されるようになったからである。

第3節　北部・中部中心の牧畜

　家畜の飼養頭数からみると，チャドにおける牧畜の中心は，サーヘル気候帯である（図2-5）。しかしチャド北部サハラ，南部スーダン帯でもそれぞれの自然条件に応じた牧畜がおこなわれる。

1　サハラのラクダ牧畜

　アフリカ大陸北部に東西に広がるサハラの牧畜民は3つのグループに大別できる。サハラ西部のモール（アラブ），中央部のトゥアレグ，東部のトゥブである。サハラ東部のトゥブの大半はチャドに分布する。これらサハラ牧畜民の中心的な飼養家畜はラクダである。チャドの場合，サハラで飼われるウシ，ヒツジ，ヤギの比率はチャド国内全頭数の5％以下であるが，ラクダの場合は全頭数の20％がサハラで飼養される。残りの80％はサーヘルで飼われるが，サーヘルとサハラの両方で飼養可能なラクダは，歴史上発達したサハラ横断交易に最適な運搬手段であった。

　ラクダは乾燥に強い家畜である。体重の25％までの水を一気に摂取することが可能であり，数週間水を飲まなくても生存が可能だ。また，反芻胃には大量の微生物を有し，砂漠に自生する灌木の硬い葉を消化することもできる（坂田 2014）。

2　サーヘル・スーダン帯のウシ牧畜

　サハラ牧畜地帯の南には，ウシ牧畜地帯が広がる。ウシはラクダほど乾燥には強くない。したがってチャドでは，ウシ総頭数の75％がサーヘル帯において飼育されている（図2-5）。フルベとならぶチャド盆地の代表的なウシ牧畜民であるアラブ・シュワは，チャド湖以東の年雨量150〜1,000mmの範囲に広く分布する（写真2-7）。アラブ・シュワは，現在のスーダン国由来のアラブ系牧畜民で，16世紀初頭にチャド盆地に到達した（Zeltner 2002）。

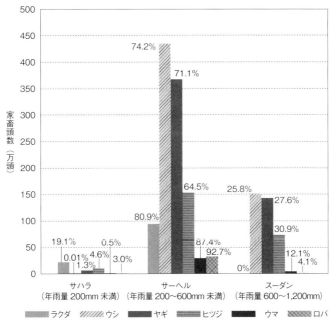

図 2-5　気候帯別にみる家畜頭数の比較

注）図中のパーセンテージは同一家畜種における気候帯別の比率を表す。
出典）clanet et al.（2006: 34）より筆者作成。

写真 2-7　アラブ・シュワが飼養するウシ

第 2 章　チャドの農牧漁業　35

アラブ・シュワによるウシ牧畜では，家畜の餌を求めて南北間の季節移動を繰り返す。それは，雨季には北上しサハラ南部に入り込み，乾季には草を求めてより湿潤な南へと移動するというものである。南北季節移動の距離は150〜300kmにも及ぶ。

　しかし，アラブ・シュワの季節移動の範囲は，近年の連続する干ばつによる植生の退行にともなって，より湿潤な南に移動した。移動の北限が60kmも南下した例もある。さらに，南下する時期が早まり，北上の時期は遅くなった。移動範囲と移動サイクルの変化は，牧畜移動エリアの南部に分布する農耕民との問題を引き起こすようになった。干ばつがはじまる以前，アラブ・シュワが農業地域に南下したのは，通常農作物の収穫後のことであった。しかし，移動南限が南下したことによって農業地帯により深く入り込むようになった。さらに南下時期が早まったことによって収穫前の作物が家畜に食われてしまうといった問題が生じるようになった。

　このように農業と牧畜は，対立関係にあることが強調されがちであるが，その逆の面もある。たとえば西アフリカ起源のウシ牧畜民フルベは，カメルーン北部にイネとムスクワリと呼ばれる乾季作のソルガムをもたらした。それまで実施不可能であった氾濫原農業を可能ならしめたのは，牧畜民であるフルベであった（嶋田 1995）。

　また降水量が少なく天水農業が不可能なサーヘル帯北部は，貧困地域であると思われやすい。しかし乾燥地域で飼養されるウシの価値はきわめて高い。現在でもウシ1頭の価格は，穀物400〜500kgの価格に値するが，チャド盆地に王国が繁栄していた前植民地時代においてもウシの価値は高かった。ウシは，高価値商品である衣服，奴隷と交換しうるほどの価値をもっていた。それに対して農作物の価値は低く，農作物とウシ，奴隷との交換は不可能であった（嶋田 1995）。

　現在においてもウシはチャドの重要な輸出品でもある。輸出先はナイジェリア北部都市である。チャドのウシ輸出の特徴はその移動方法にある。数十頭から数百頭の牛が，牧畜民につきそわれて自ら歩いて移動するのである。

ウシ輸出はほとんどの場合，インフォーマルにおこなわれるため，その正確な輸出量は統計にあらわれないが，石油，綿花に次ぐ輸出額を占める（Clanet et al. 2006）。

チャド中南部のスーダン帯には，ウシ牧畜民のフルベ，農業，牧畜，漁業をおこなうマサ，ムンダン，トゥプリも分布する。しかし飼養されるウシには違いがある。フルベが飼養するウシは背中に脂肪性のコブをもつ大型のゼブウシであるが，マサ，ムンダン，トゥプリが飼養するウシは小型のダーマ種である。

18世紀までは，ウシ牧畜の南限は年雨量600mm付近であった。その理由はトリパノゾーマ症（睡眠病）を伝染するツェツェバエにあった。年雨量600mm以上の地域では，ツェツェバエ分布によりウシの飼育が困難であった。現在では，疎林の開墾によって，ツェツェバエの分布北限は南へと下がり，ウシ飼育可能地域は年雨量1,500mmラインにまで南下した。

3　ヤギとヒツジ

ヤギとヒツジはチャドにおいて広く飼われている家畜である。ヤギ・ヒツジ牧畜の中心は，サーヘル帯にあり，ここに総頭数の70％が集中する。その一方で，極乾燥のサハラにおいても，湿潤なスーダン帯においてもヤギとヒツジは飼育されている。ヤギとヒツジは，牧畜民によってラクダ，ウシと組み合わされて飼われるだけでなく，サーヘル・スーダンの農耕民によっても広く飼育される。それは，これらの家畜の飼養は容易であるからだ。実際，ヤギ，ヒツジの世話をするのは女性や子どもである場合も多い。ヤギ・ヒツジは繁殖も容易であるため農耕民の間でも広く飼育されるのである。

4　ウマとロバ

乾燥地の重要な移動・運搬手段がウマとロバである。ウマとロバは人間を乗せて移動するだけではない。荷車を引く，背に荷物を積載する（ロバの場合）という効率よい物資運搬が可能である。しかし，ウマ，ロバの飼育適地はサー

ヘル帯，スーダン帯北部にほぼ限られる。

ウマはロバよりも迅速で俊敏な移動が可能である。かつては戦闘にも用いられた。しかしその飼育には手間がかかるし，病気にもなりやすい。他方，ロバはウマにくらべて頑丈で，飼育も容易である。70～80kg程度の物資ならば背中に乗せて運ぶことも可能だ。

5　農耕民による家畜飼育

家畜飼育は農耕民によってもおこなわれる。家畜は農耕民にとって重要な財産でもある（写真2-8）。農耕民が飼育する家畜は，飼育が簡単で繁殖率が大きいヤギが主体であるが，ウシを所有する農耕民もいる。

天水農業限界地域の農業は，干ばつによる被害を受けやすい。十分な降雨がなく，穀物収穫量が不足する事態に陥ると，家畜を売却して食糧不足を補う。1頭のヤギを売却すると，成人1人1年分に相当する穀物を買うことができる。ヤギよりも高額なウシを売却すれば，成人数人が1年間消費するだけの穀物を得ることができる。

スーダン帯南部の農耕民もウシとヤギを飼育する場合がある。特にウシは，植民地期の綿花栽培導入にともなって，犂耕用の家畜として飼育されはじめた。

第4節　河川と湖沼の漁業

乾燥地河川は，熱帯雨林地帯の河川よりも魚資源にめぐまれる。それは，乾燥地河川が牧畜の拠点でもあることによる。牧畜民は乾季になると水と牧草を求めて河川流域に到来する。その家畜の糞が河川を富栄養化するのである（嶋田 2012）。

チャド盆地で確認されている魚種は85種にも及ぶ（Lêvêque et al. 1992）。チャド西部を南から北に向かって流れチャド湖に注ぐ，ロゴンヌ川，シャリ川流域では，豊かな魚類相の恩恵を受けた漁業がおこなわれる。

写真2-8　農耕民カネムブの家畜飼育（チャド湖南岸）

写真2-9　沼地での乾季カゴ漁（カメルーン北部）

しかし1960年代末からはじまった干ばつの影響を受けた零細漁民は，北はチャド湖，南は熱帯雨林地域にまで出稼ぎ漁をおこなうようになった。その背景には，村の資本家がシャリ・ロゴンヌ川から小規模運河を掘り，そこに入り込む魚を独占するという漁場の私有化が進んだことがある（稲井2014）。

　河川，湖沼での漁の他にも，乾季の氾濫原に残った小湖沼，分枝流においても漁がおこなわれる。こうした漁に従事するのは女性である。河川での漁には，網や船といった道具が必要であり，その扱いにはある程度の熟練を要する。他方，水量の減った氾濫原は，魚が残った沼地に集中するため，籠だけでも十分な漁獲を得ることが可能だ（写真2-9）。

第3章　チャドの人口分布・民族・文化

　チャドの国土面積は128万 km^2，そこに1,163万人（2015年）の国民が住む。チャドの行政区分は1960年の独立以来2回変更された。2008年以降，行政区分は22の地域（région）に分かれるが，本書では1999年以前の行政区分を原則的に使用する（図3-1）。その理由は行政区分変更後においても統計データが旧行政区分別にとられていたことによる。

　チャドの人口分布，民族，文化は多様である。それは，アフリカ大陸のほぼ中央，アフリカ文化の十字路に位置する地理的位置と，第1章，第2章で論じた多様な自然環境と，これに応じた農牧漁業生産の違いを反映しているからである。カボとブケ（Cabot and Bouquet 1973）によれば，チャドの民族は主だったものだけでも30近くにも達するが（表3-1），分類の基準を細かくすると民族の数はさらに増える。

第1節　チャドの人口分布

　チャドの人口分布は，前章でみた農業，牧畜，漁業の分布とかなり対応する。すなわち，北部牧畜地帯は人口希薄地域，中部農業牧畜混在地帯は人口密度中間地域，南部農業地帯，とりわけ西南部は人口稠密地域という対応である。しかし，これに河川・湖沼沿岸の氾濫原の存在，チャド西南端のラテライト土壌という要素も加わる。以下，チャド北部3県，（ボルク，エネディ，

ティベスティ),ビルティン県,ラック県,ロゴンヌ・オリエンタル県を例に人口の地域分布の違いをみてみよう(図3-2)。

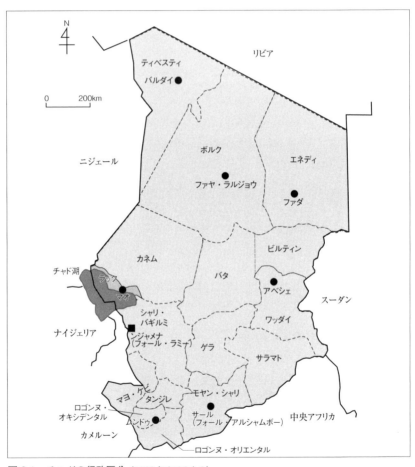

図3-1 チャドの行政区分(1999年までのもの)

1 北部砂漠地帯

　チャド北半分は砂漠地帯であり，水を得ることができるオアシスや山間部の谷間を除けば人間の生活はほぼ不可能である。したがって，チャドの北半分は人口希薄地帯で，その人口密度は1人/km^{2}以下と低い。その頭文字をとって「B.E.T」と総称されるチャド北部3県の，ボルク県，エネディ県，ティベスティ県の人口密度は0.13人/km^{2}にすぎない。

表3-1　チャドの主要民族

		民族	生業	宗教	人口比率	分布域
北部諸民族	北部牧畜民グループ	トゥブ（テダ，ゴラン，ダザ）	牧畜	イスラーム教	2%	チャド北部
		カネムブ	農耕	イスラーム教		チャド湖東岸
		アラブ・シュワ	牧畜	イスラーム教	9%	チャド東部，中部，チャド湖南岸
	ワダイグループ	マサリート，ザガワ	農耕 牧畜	イスラーム教	16%	チャド東部
		ダジョ，マバ	農耕	イスラーム教		
	フィトリ湖グループ	ブララ，クカ，ケンガ	農耕	イスラーム教	5%	チャド中部
		ハジェライ	農耕	イスラーム教	4%	チャド中部
	シャリ下流グループ	コトコ，カヌリ，ニエレム	農耕 漁労	イスラーム教	3%	シャリ川下流域
南部諸民族	マヨ・ケビグループ	マサ，ムンダン，ムルイ，ムセイ，マルバ，トゥプリ	農耕 牧畜 漁労	キリスト教 伝統宗教	21%	チャド西部
	ライグループ	ナンチェレ，カバライ，ソムライ，ガブリ，ガム	農耕	キリスト教 伝統宗教	4%	チャド西部
	ロゴンヌ南部グループ	ラッカ　ムブーム	農耕	キリスト教 伝統宗教	3%	チャド南部
		サラ	農耕	キリスト教 伝統宗教	30%	チャド南部

出典）Cabot et Bouquet（1973: 35-39）より筆者作成。

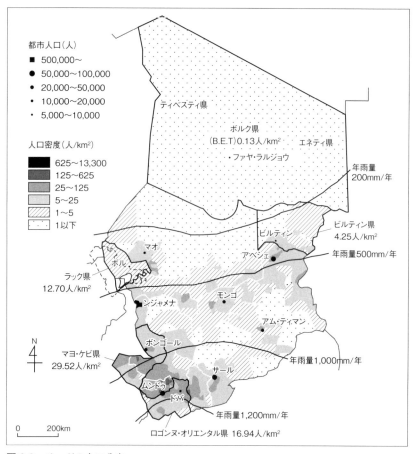

図 3-2 チャドの人口分布
出典）Ngadoum and Moriconi（2006: 27）.

2 サーヘル帯

　砂漠地帯の南，サーヘル帯の年雨量 150 〜 450mm のビルティン県になると，人口密度は 4.25 人 /km² 内外にまで急増する。ビルティン県で営まれる主な生業は，北部におけるウシ牧畜と年雨量 300mm 以上が必要となるトウ

ジンビエ中心の穀物栽培である。

3　スーダン帯北部

　スーダン帯北部の年雨量700～1,100mmのマヨ・ケビ県では，人口密度が30人/km^{2}程度にまで増加する。その背景には，トウジンビエ，ソルガムなどの穀物栽培，イネ，綿花といった換金作物栽培といった多様な農業生産の存在に加え，ウシ牧畜，ロゴンヌ川中流域の水産資源がある。それを支えるのがロゴンヌ川流域の氾濫原と河川が運ぶ堆積土壌である。

4　スーダン帯南部

　スーダン帯南部に属する年雨量が1,100～1,500mm以上のロゴンヌ・オリエンタル県の人口密度は16～17人/km^{2}と，それまで南下するにしたがって増加したものが減少に転ずる。その要因は，年雨量1,200mm以上に分布するラテライト化しやすい土壌にある。鉄分を多量に含み，腐植土層が薄い土壌の森林地帯を開墾した畑では，耕作によって簡単にラテライト化してしまう。

5　チャド湖東岸氾濫原地帯

　チャド湖東岸氾濫原地帯を占める年雨量200～500mmのラック県の人口密度は，およそ12人/km^{2}で，年雨量が同程度のビルティン県の3倍にもなる。ラック県の人口密度が高い要因は，チャド湖岸の氾濫原を利用した集約的農業にある。そのため，年雨量が天水農業の限界付近であってもこの地域の人口扶養力は高い。それに加えて，チャド湖岸域ではラクダ牧畜，ウシ牧畜，チャド湖の豊富な水産資源に頼る漁業も盛んである。これも稠密人口を支える重要な要因である。

第2節　チャドの諸言語

1　言語分布

　チャド盆地全体の言語状況をみると，西部の3分の1はアフロ・アジア語族言語で占められる。アフロ・アジア語族は，かつてセム・ハム語族と呼ばれ，セム系のアラビア語，ヘブライ語とハム系のベルベル語を含む語族であった。チャド盆地では，中央サハラのタマシェク語（トゥアレグ語），ナイジェリア北部のハウサ語がその代表例である。

　他方，チャド盆地中部から東部にかけて広く分布する言語は，ナイル・サハラ語族言語である。チャド北部には，このナイル・サハラ語族のうち，東サハラ系統のトゥブ語，カネム語など5言語が分布する。これらの諸言語はかなり共通性があり，お互いの理解もかなり可能である。

　チャド中部から南部にかけても，ナイル・サハラ語族系統が卓越する。チャド南部に分布する最大民族サラ，シャリ川中流部のバギルミ，東部のワッダイ（マバ）というチャドの代表的民族の言語も，ナイル・サハラ語族言語グループに属する。

　アフリカ北部で広く使用されるアフロ・アジア（セム・ハム）語族系の言語話者は，チャドで

図3-3　アフリカ大陸の言語分布
出典）Fage（1978: 2）.

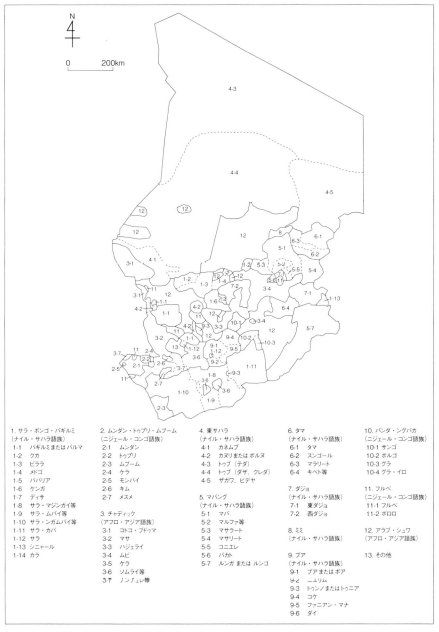

図 3-4　言語を基準にしたチャドの民族分布

出典）Caprile（1972: 36-37）.

は少数派となる。ウシ牧畜民アラブ・シュワの言語は、ヤム語系アラビア語の中でも独特な方言である。しかしこのアラビア語方言はチャド北部から中部にかけて地域共通語（リンガ・フランカ）となっている。

　ナイジェリア北部を中心として分布するハム語系チャディック諸言語は、チャド西部、ロゴンヌ川中流域にくさび状に入り込む。チャディック言語の代表的な話者はロゴンヌ川中流のコトコ、マサ、チャド中部に飛び地状に分布するハジェライとムビである。

　アフリカ大陸南半分に広く分布するニジェール・コンゴ語族系言語は、主にニジェール・ベヌエ水系に分布する。チャド湖水系には、チャド最南部サラ語分布地帯の北東辺にごく少数分布する（図3-3，図3-4）。

2　教育の南北差と言語問題

　1960年の独立以来、チャドの公用語には旧宗主国の言語であるフランス語が用いられてきた。しかし、後に論ずるように、フランスの植民地経営は、チャド北部のイスラーム文化圏をさけ、チャド中南部が中心であった。それゆえフランス語による学校教育も中南部を中心に発展した。学校教育における南部重視は、独立から40年以上経った2000年代においても、その傾向が続く（図3-5）。

　北部では、就学率は50％以下であるが、最南部では80％以上に達する。しかし図3-5において6歳から11歳までの児童就学率が100％とされるロゴンヌ・オキシデンタル、ロゴンヌ・オリエンタル、タンジレにおいては、中途退学などの問題もあり、識字率向上にそのまま結びつくかどうかは定かでない。

　実際、中南部のフランス語識字率は、他の地域と比較して高いが、それでも男性で20％前後にしか達しない。女性の識字率は中南部においてさえ10％を大きく下回る（Fackoua 2006）。これにはアフリカにおけるフランス語教育問題の本質がかかわっている。教育を受け、フランス語の読み書きができるとしても、その能力を求められる職業は官公庁、NGO、フォーマル・

セクター企業などに限られるからだ。

　他方，チャド北部では北アフリカ，東部は北東アフリカと歴史的文化的に結びついてきた。それゆえ，チャド北部ではアラビア語がリンガ・フランカとして広く用いられる。しかし，チャドで話されるアラビア語方言は，エジプトなどで話される正則アラビア語とは大きく異なる。

　こうした言語状況のもと，アラビア語は1980年代にチャドの第2の公用語となった。1994年には，フランス語と並んでアラビア語がチャドにおける教育言語と正式に認められ，ンジャメナにはアラビア語による教育をおこなう高校，大学も開設された。これにはアラブ諸国からの援助があった。

　アラビア語の普及にともない，都市部では民族諸言語の話者の減少が懸念される。チャドの首都ンジャメナに住むカネムブの友人は，「私の子どもたちはカネム語よりもアラビア語のほうが上手で，将来カネム語を忘れてしまうのではないか」というような危惧を抱いている。

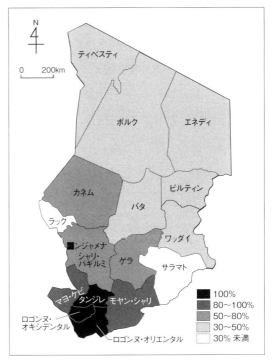

図3-5　2001年における6～11歳児童の県別就学率
出典）Fackoua（2006: 43）.

第3章　チャドの人口分布・民族・文化　　49

第3節　宗教分布

1　北部・中部のイスラーム

　チャドにはイスラームが古くから浸透した。チャドにイスラームをもたらしたのは，10世紀以降活発化した，北アフリカとサハラ南縁を結んだサハラ交易であった。サハラ交易によって物資だけではなく，アラブ，北アフリカの文化がサハラ南縁にもたらされた。チャド湖一帯を支配した，カネム王国第12代フメ王（在位1085～1097年）がイスラーム教徒となったのは11世紀末であった。

　イスラームが北方のサハラより伝来したため，チャドのイスラーム分布はサハラが広がる北部，中部が中心となる。チャドにおけるイスラームの南限は，ロゴンヌ川中流域付近である。この地域に分布するコトコ，マサ，トゥプリといった民族には，イスラーム化したグループとキリスト教化したグループに分かれる。コトコはイスラーム化したが，その南のマサ，トゥプリはキリスト教化した。

2　南部のキリスト教

　チャドの南部にキリスト教がもたらされたのは，フランスによる植民地化後であった。最初のキリスト教伝道団がチャド南部に拠点を置いたのは1930年代であった。以来，アフリカの土着宗教にしたがっていた多くの南部住民がキリスト教を受け入れたが，キリスト教伝来以前から信仰されてきた土着宗教も併存する。

第4節　生業からみた民族分布

1　サハラ牧畜民

　チャドの北半分はサハラ砂漠で，オアシスでのナツメヤシ栽培を除けば，

牧畜が主たる生業となることはすでに記した。砂漠地帯で飼われる家畜は乾燥に耐えうるラクダが中心である。

チャド北部の砂漠地帯で牧畜を営んできたのが牧畜民トゥブである。トゥブはサハラ東部にかなり古くから居住していた。サハラ牧畜民の分布域は広いが，人口は少なく，チャド全体の2％を占めるにすぎない。トゥブは，ティベスティ県のテダ，ボルク県のダザ，カネム県のクレダなどのいくつかのサブ・グループに分かれる。砂漠に点在するオアシスでナツメヤシ灌漑農業に従事するのは，トゥブの中でも定住・半定住化したグループである（Le Rouvreur 1962）。

サハラ東南部（エネディ県南部からビルティン県北部）に分布するザガワは，牧畜を主生業とするグループと，農耕を主生業とするグループに分かれる。牧畜ザガワが所有する家畜はラクダとウシが中心である。定住農耕民ザガワはトウジンビエを中心に耕作している。

2　サーヘル・スーダン牧畜民

サーヘル・スーダン帯では，ウシを中心とした牧畜が営まれる。スーダン国由来のウシ牧畜民，アラブ・シュワがこの地帯に広く分布する。アラブ・シュワがスーダン国からチャドに西進した時期は，16世紀初頭であった。しかしその当時，ウシ牧畜に適する土地の大半は，農耕諸民族によって占められていた。それゆえ，アラブ・シュワは牧畜適地を求めてチャド中部に分散した（Zeltner 2002）。また，アラブ・シュワの西進は，西アフリカから東進してきたフルベとぶつかることによって，チャド湖付近で止まった。

3　サーヘル・スーダン農耕民

サーヘル帯にあたる，チャド湖東部に分布するカネムブ，ブララ，チャド東部のワッダイといった農耕民は，トウジンビエを中心とした農業を営むが，ウシ，ヤギの飼育もおこなう。

スーダン帯では，ソルガム栽培を生業の中心とするハジェライがチャド中央のゲラ山地周辺に，バギルミがシャリ川中流域右岸に分布する。ロゴンヌ

川中流域ではウシの牧畜も可能で，ウシ牧畜，漁業もおこなう農耕民，マサ，ムンダン，トゥプリ，ウシ牧畜民のフルベが分布する。しかし飼養されるウシには違いがある。第2章で論じたように，フルベが飼養するウシは背中に脂肪性のコブをもつ大型のゼブウシであるが，マサ，ムンダン，トゥプリが飼養するウシは小型のダーマ種である。ダーマ種の乳生産量は少なく，役用，肉用に飼育される。

4　スーダン・ギニア農耕民

チャド南部では農耕民サラが卓越的に分布し，その人口はチャド全体の30％に達する。チャド最南端を占めるサラの言語は，先にみたようにナイル・サハラ語族に属する（Magnant 1986）。

サラはソルガムを中心とする天水農業を営んでいたが，フランスによる植民地化以降は，綿花，ラッカセイといった換金作物栽培も取り入れるようになった。

5　河岸，湖沼地帯の農牧漁民

シャリ川流域，ロゴンヌ川流域，チャド湖岸にはコトコ，カヌリなどの漁民が分布する。

ロゴンヌ川中流域に分布する民族は，コトコ，カヌリ，マサ，トゥプリ，ムンダンである。

チャド湖東岸にもブドゥマ，クリといった漁民がいる。これらの民族は専業漁民というよりも農業，牧畜，漁業を組み合わせた多生業民族である。こうした多生業が可能となるのは，変化に富む地形に負うところが大きい。ロゴンヌ川中流域には，氾濫原とゆるやかな起伏をもつ土地，その間の河川や沼地が広く分布するのである。

第Ⅱ部
サーヘル内陸国チャドの
形成と近代政治経済史

第4章　サハラ交易とサハラ南縁のイスラーム文明形成

　チャド盆地では歴史上，大小さまざまな王国が盛衰を繰り返した。主な王国は，チャド盆地の盟主の位置にいたカネム・ボルヌ帝国，その衛星国家としてのワッダイ王国やバギルミ王国であるが，その他複数の小王国も興った（図4-1）。

　これらの王国には交易都市が発達し，北アフリカとの交流の中でサハラ南縁イスラーム文明が形成された。北アフリカとサハラ南縁地域を結んだものは，サハラを縦断する交易であった。サハラ南縁には，東西交易路も開かれ，サハラ南縁イスラーム諸王国間の交流もうながされた。

第1節　南北交易と東西交易

1　サハラ南北交易

　サハラを介した南北間の交易が活発化したのは9～10世紀以降であった。7世紀後半から8世紀はじめにかけて北アフリカを征服しイスラーム化を遂げたアラブによって，サハラ南北交易が発展したからである。サハラ砂漠には，北アフリカとサハラ南縁のサーヘル・スーダン地域を結ぶ多数のサハラ交易ルートが開かれた。サハラ交易を支えた輸送手段は，ラクダを連ねたキャラバンであった。

　このサハラ交易の刺激を受けて，サハラ南縁地域にイスラーム文明が形成

された。それを象徴するのは、11世紀に、サーヘル地帯各地に成立したイスラーム諸王国である。セネガル川流域のタクルール王国、その上流内陸部のガーナ帝国、そして中央スーダン、チャド湖北岸のカネム・ボルヌ帝国である[3]。これによりサハラ交易はますます発展することになった。以降サハラには複数のキャラバン・ルートが開拓された（図4-2）。

　北アフリカとの交易がまず発展したのは、アフリカ大陸西部の西スーダンであった。西スーダンにはニジェール川という巨大河川がサハラ南縁に流れていたのみならず、サハラ南縁から地中海地方へもたらされた代表的な産物、アフリカ大陸西部に産する金があったからである。その交易中継点として、まずサーヘルとサハラの境界部に位置するガーナ帝国が栄え、次いで13世紀には、金産出地に近い、現在のギニア北東部のニジェール川上流地域に首都を置いたマリ帝国が巨大帝国として発展した。この時代、ニジェール川大湾曲部の砂漠にトンブクトゥからサハラ砂漠中央を縦断する交易路も開拓された。マリ帝国の諸王は金を大量に携えメッカ巡礼を繰り返したことで知られる。

　中央スーダンの内陸湖チャド湖周辺は、サハラ南縁に形成された巨大な農牧漁業地帯である。そこを拠点にカネム・ボルヌ帝国というチャド湖を囲む巨大帝国が発展していくのであるが、金を産出しない中央スーダンからの主要交易品は、奴隷と象牙などの狩猟産品であった。それゆえ、中央スーダンと北アフリカ間の交易は、西スーダンほど発展しなかった。

　とはいえ、チャド湖と北アフリカの現在のリビア地中海岸を結ぶ交易路は、サハラ砂漠東部の最重要交易路であった。そのうえ、その交易路上には、中央スーダン住民への塩供給地となった塩産地ビルマが存在した。

　それゆえ、11世紀にチャド湖地方に成立したカネム・ボルヌ帝国は、版図をサハラ中央のフェッザーン（現リビア領内）にまで広げることによって

　　3　本章では、歴史的文化的意味、すなわちサハラ砂漠以南の黒人世界の意味で「スーダン」という語を用いる。

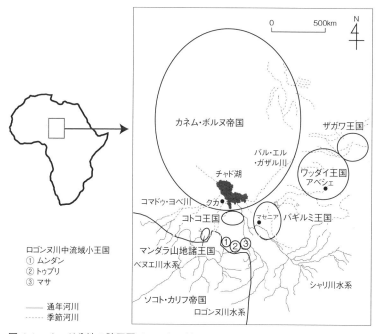

図 4-1　チャド盆地の諸王国（1750年以降）

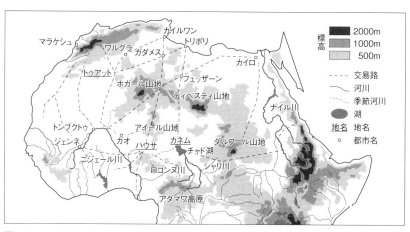

図 4-2　サハラ交易路

出典）嶋田（2012: 122）。

第 4 章　サハラ交易とサハラ南縁のイスラーム文明形成

交易の安全確保を図り，北アフリカとの結びつきを強めようとした（嶋田 2012）。

2 サハラ南縁東西交易路

サハラ南縁には東西を結ぶ交易路もあった。サハラ交易は先進イスラームの導入路であったが，東西交易路が果たした役割は，サハラ南縁の東西イスラーム文明の結びつきを強めるものであった。

東西交易路は，遠くアフリカ大陸西部の現在のモーリタニアやマリから，ニジェール，ナイジェリアを経て，チャド湖地方，チャド，現在のスーダン国西部のダルフール地方，ナイル川中流域を横断して紅海にまで至るものである（図4-3）。この東西交易路は，サハラ南縁イスラーム諸王国の社会的接触を背景に古くから開かれていた。

東西交易路は，西スーダン，中央スーダンからメッカへ向かうための巡礼

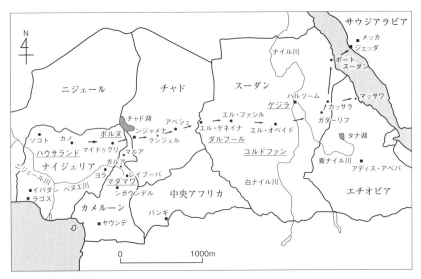

図4-3 東西交易路
出典）Hino（2004: 257）.

路としての役割ももっていた。メッカへ向かうためには，サハラ越えのルートもあったが，サハラ横断ルートは，ラクダを連ねた隊商が越えるルートであり，少人数の巡礼団にとっては，村々で休憩しながら徒歩で東進できる東西交易路が便利であった。したがって巡礼者は徒歩で東進することを選んだ。東西ルートの利点は，十分な路銀をもたない者であっても，巡礼の途中で金を稼ぎながら巡礼を続けることにあった。

巡礼の帰路，場合によっては復路上の土地に住み着いてしまった西アフリカ出身者も多い。特にスーダン国（北スーダン）の青ナイル・白ナイル中流域には，フルベ，ハウサなどの西アフリカ出身者の子孫が今でも多く暮らしている。

19世紀末のスーダンにおけるマフディー帝国の建国に際しても，この東西ルートを通って西アフリカから多くの支援者がスーダンに集結した。その子孫も，青ナイル，白ナイル沿岸に定住している（日野 1988，Hino 2010）。

第2節　カネム・ボルヌ帝国

チャド湖北東岸のンジミを王都とするカネム王国は11世紀にはすでに成立していた。当初のカネム王国支配域は，チャド湖東岸地方に限られていた。しかし，カネム王国はその後，チャド湖南西岸のボルヌ地方に王都を移しながらも，周辺の王国をその支配下に置き，盛衰を繰り返しつつ19世紀末まで存続した（Cuoq 1984）。これがカネム・ボルヌ帝国である。最盛期の版図はサハラ中央フェッザーンのムズルクにまで達した（図4-4）。この版図拡大にはチャド湖北方の塩産地ビルマを支配域に置くという意図もあった。塩は重要な交易品であったからである。

金を産しないとはいえ，チャド湖地域は，北アフリカの地中海地方とサハラ南縁のサヘル・スーダン地域を結ぶサハラ交易の重要な拠点の一つであった。

カネム王国のフメ王がイスラームに改宗したのは，11世紀末のことであ

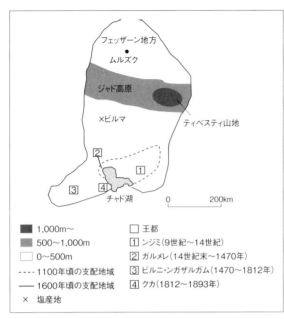

図 4-4　カネム・ボルヌ帝国の支配地域と王都の変遷
出典）Suret-Canale（1979: 189, 211）より筆者作成。

る。その後，王国と地中海や中東のイスラーム世界との結びつきがいっそう強くなる。

1000 年にも及びチャド湖一帯を支配したカネム・ボルヌ帝国の絶頂期は 2 回ある。

第 1 の絶頂期は 13 世紀であった。カネム王国は，地中海南岸のチュニスのハフス朝との関係を深め，メッカにはカネム王国からの留学生の滞在施設までつくられた（嶋田 2012）。こうしたイスラーム世界との結びつきによって，カネム王国はその勢力を拡大した。

その後 14 世紀には，帝都はチャド湖西岸のボルヌ地方に移され，イドリス・アリ王（在位 1497 ～ 1519 年），イドリス・アローマ王（在位 1564 ～ 1596 年）の時代にカネム・ボルヌ帝国の 2 回目の絶頂期が訪れる。

この頃王朝はチャド湖東方のブララ族によって奪われたチャド湖東岸地方を奪回し，再び版図を広げた。カネム・ボルヌ帝国が 2 回目の絶頂を迎えることができた最大の理由は，イスラームを通じた地中海世界との交流によって当時エジプトやトリポリを支配していたオスマン・トルコ式の軍備を整えることができたことによる（嶋田 2002）。

19 世紀初頭カネム・ボルヌ帝国はフルベ・イスラーム軍の攻撃を受けて崩壊しかけるが，フェッザーン出身のアル・カネミによって再興された。

第3節　カネム・ボルヌ帝国の衛星国家としてのイスラーム諸王国

　カネム・ボルヌ帝国の重要な輸出品であった奴隷の獲得方法は，帝国南部地域での奴隷狩りと衛星国家からの貢納であった。チャド盆地では，17世紀以降いくつもの中小王国が興った。その中にはカネム・ボルヌ帝国と主従関係を結び，奴隷を貢納していた王国もあった。

1　ワッダイ王国

　ワッダイ王国は，17世紀初頭に，ワッダイ山地西麓に興った国家である。初期の王都はワラであったが，干ばつによって王都の水が枯渇し40km南に位置するアベシェに遷都した。

　ワッダイ王は早くからイスラームを積極的に受け入れ，建国間もなくモスクを建設した。

　しかし中央スーダンにおけるワッダイ王国の立場は弱かった。東にダルフール王国，西にはカネム・ボルヌ帝国と強大な国家に挟まれ，この2つの朝貢国の地位に甘んじていたのである。しかし19世紀半ば，カネム・ボルヌ帝国の衰退によって西方のチャド湖付近にまで支配圏をのばすことに成功した（Urvoy 1949）。

2　バギルミ王国

　バギルミ王国は，17世紀はじめにシャリ川の支流，バル・エルグイ川右岸のマセニアを王都として興った国家である。王朝がイスラーム化された時期は，建国間もない1620年代であった。17世紀半ばにバギルミ王国はカネム・ボルヌ帝国の支配下に入った。しかしバギルミ王国にはその領土の統治権は認められていた。

　その後，バギルミ王国は，ワッダイ王国の支配も受けるようになり，二重の貢納を余儀なくされた。バギルミに対する干渉は，カネム・ボルヌ帝国よ

りもワッダイ王国の方が強かった。19世紀初頭にバギルミ王国がカネム・ボルヌ帝国に対しておこなった貢納の内容は，1年間に100人の奴隷であったが，ワッダイ王国に対する貢納は，3年間に100人の男の奴隷，30人の女の奴隷，100頭のウマ，1,000着の衣服であった。さらにバギルミ地方を監視するワッダイのスルタンに対しては，10人の奴隷，40頭のウマ，40着の衣服を送ったほどであった（Urvoy 1949）。

3　コトコ王国

　チャド湖南岸のシャリ・ロゴンヌ川デルタ地帯にはコトコ王国が興った。コトコはカネム王国が成立する以前に，チャド湖東岸・北岸地方で青銅器文明を築いたサオ族の末裔だともいわれている。コトコ王国とは，1人の王を頂点にした1つの国家ではなく，いくつもの小王国の総称である。諸王国のうち北部の諸王国は，16世紀末のカネム・ボルヌ帝国のイドリス・アローマ王の治世にイスラームを受け入れ，属国となった。他方南部の諸王国は，バギルミ王国の属国であったが，19世紀初頭からは，カネム・ボルヌ帝国の属国にもなった。カネム・ボルヌ帝国には毎年奴隷100人と衣服100着を貢納した。コトコは藍染布の生産地であった（Urvoy 1949）。

第4節　チャド盆地周縁の諸王国

1　ザガワ王国

　ザガワ王国は，チャド盆地東部，ナイル盆地との分水嶺になる山岳地帯のふもとに成立した王国で，チャド盆地とナイル盆地の交易の要地として栄えた。ザガワの名前は8世紀末にすでにアラブの地誌家に知られ，9世紀末には非イスラーム王国としての王国形成を果たしていたが，11世紀頃からイスラーム国家となった。

2 ハウサ諸王国

　チャド湖西岸地方は，現在のニジェールとナイジェリア北部であるが，この地方にはハウサ諸王国が栄えた。ハウサ諸王国は，チャド盆地とニジェール川水系との分水嶺になる高原に発する，中小河川の谷筋に14世紀頃から成立した王国である。カノ，ザリア，マラディ，カッチナなどの諸王国で形成され，ハウサ七王国とも称された。

　建国当初のハウサ諸王国に影響力を有していたのは，カネム・ボルヌ帝国よりも，西スーダン，ニジェール川中流域に形成されたソンガイ帝国であった。しかしソンガイ帝国がモロッコ軍の侵略によって16世紀末に崩壊したのをきっかけに，ハウサ諸王国は大きく発展した。ハウサは綿布の藍染が有名で，藍染布はサハラのトゥアレグ遊牧民が好むターバンなどとして，サハラ，中央スーダンに広く流通した。

3 ソコト・カリフ帝国

　19世紀になると，ハウサ北方のソコトを中心として，牧畜民フルベがソコト・カリフ帝国を建設した。フルベは西アフリカのセネガル川流域に起源をもつが，13世紀から西進をはじめ15〜16世紀にチャド湖盆地に達した。このフルベがイスラームを奉じて国家を建設しはじめたのである。ソコト・カリフ帝国は強大な帝国でその支配は，北はサハラ砂漠のアイル山地，南は熱帯雨林に接したベヌエ川とアダマワ山地，西は現在のブルキナファソ，東は現在のチャドにまで及んだ。

第5節　マフディー帝国とラバー帝国

1 マフディー帝国

　マフディー帝国とは，エジプト支配下にあった19世紀末のスーダンに現れたイスラーム神権国家である。

マフディーとは，アラビア語で救世主を意味する。スーダン北部ナイル川河岸のドンゴーラ生まれの，ムハンマドゥ・アハマドゥが1881年，マフディーを名乗りジハードを宣言した。1884年，マフディー軍は，エジプトから派遣されたイギリス人ゴードン将軍の軍勢を現在のスーダンの首都ハルツームにおいて破り，スーダン北部に広い国土をもつ神聖イスラーム国家の建設に成功した。しかしムハマンドゥ・アハマドゥは翌年チフスのため死亡する。
　跡を継いだアブドゥーラ・ビン・ムハンマドゥのもと，マフディー国家は版図を広げたが，1898年イギリス軍に敗れ終焉を迎えた（日野1988）。

2　ラバー帝国

　ラバー帝国は，マフディー帝国が崩壊する直前に興った国家である。
　ラバーは当時のダルフール総督ズベイル・パシャの片腕であった。ダルフールに反乱が起きた際，ズベイル・パシャはスーダンを属国としていたエジプトのカイロに召喚されるが，ラバーは随行を拒否しチャドに向かって征服行動をはじめた。ラバー軍はチャド湖に向かってまたたく間に版図を広げた。1883年，すでに衰退していたカネム・ボルヌ帝国を攻撃し，首都のクカを陥落させた。ラバー軍が迅速に版図を広げることができたのは，すぐれた軍事力のためであった。鉄砲3,000丁，大砲44基という当時のアフリカでは類をみない火器数であった（嶋田2002）。
　後にラバーはチャド湖の南部へと進出し，バギルミ王国を半ば支配下に置いた。しかしラバー帝国は，シャリ川左岸，現在のカメルーン北部のクセリにおいて，チャド征服を目論んでいたフランス軍との戦闘に敗れ壊滅した。ラバー自身もこの戦闘で戦死した。

第6節　チャド盆地南部の非イスラーム王国と非イスラーム民

1　ロゴンヌ川中流域の諸王国

　チャド盆地の南部地域は農業が盛んな人口稠密地帯であったが，王国形成

はそれほど進まなかった。それでも 19 世紀には，アダマワ山地からチャド湖に流れ込むロゴンヌ川中流域にムンダン，トゥプリ，マサといった非イスラームの小王国が興っていた。これらの小王国は，カネム・ボルヌ帝国，バギルミ王国の軍隊にたびたび蹂躙されていた。その第 1 の目的は奴隷狩りであった。

1850 ～ 55 年にかけてチャド盆地を踏査したドイツ人バルトの報告によれば，これらの小王国はカネム・ボルヌ帝国やバギルミ王国の騎馬兵に襲われ，そのたびに多くの者が奴隷として連れ去られ，家に火が放たれたという（Barth 1890）。

ロゴンヌ川中流域の小王国が，生きた奴隷の倉庫としての役割を担わざるをえなかった理由は，人口密度が高かったこと，カネム・ボルヌ帝国のように高度に組織化された社会をもたなかったこと，イスラームの奴隷化対象となりうる，非イスラーム国家であったことによる。

2　キルディ諸族

チャド湖の南西，現在のカメルーンとナイジェリアの国境にはマンダラ山地が横たわる。ここには古くからキルディ諸族と呼ばれる多くの非イスラーム民族が住み暮らしていた。マンダラ山地はカネム・ボルヌ帝国の南方に位置し，山地住民はしばしば奴隷狩りの対象となった。しかしキルディ諸族は，山岳地という地形を利用して，こうした圧力に頑強に抵抗し続けた。キルディ諸族は，後のフルベ国家の圧力，植民地政府の圧力にも抵抗し続けた。

チャド盆地南西部のジョス高原も，同じようにキルディ諸族の集住地であった。

第5章　フランス領チャドの形成

19世紀末は，イギリス，フランス，ドイツによるアフリカ内陸部への進出競争の時代であった。アフリカ海岸拠点を中心におこなわれてきた奴隷貿易が，19世紀中葉にほぼ廃され，以降ヨーロッパにとってのアフリカの価値は，勃興した産業革命を支える資源供給地へと変化した。そのための植民地拡大競争が繰り広げられたのがこの時代であった。

第1節　英仏独のアフリカ分割競争

19世紀末の西部・中部アフリカでは，イギリス，ドイツ，フランスがギニア湾岸の拠点から内陸部へと支配を広げようとしていた (図5-1)。

イギリスは，黄金海岸，ニジェール川河口部から内陸を目指した。黄金海岸は1821年にイギリスの拠点となっていたが，その内陸部のアシャンティ王国を支配下に置いたのは1896年であった。他方，王立ニジェール会社の暗躍によって，1885年にはニジェール川河口部にも進出拠点を築き，ニジェール川とベヌエ川を遡り，現在のナイジェリア北部へと支配域を広げていった。

ドイツのカメルーン獲得は，実際の征服によるものではなく，外交交渉の成果であった。ビスマルクのドイツは1884年，ギニア湾岸のドゥアラ族の首長と保護条約を結んだうえ，ベルリン会議 (1884～85年) を開催し，ドゥアラの後背地，つまり現カメルーンをドイツ領とすることに成功した。

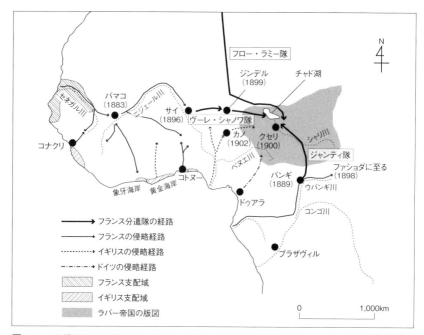

図5-1 イギリス，フランス，ドイツの西アフリカ内陸部進出とフランス遠征隊のチャド湖到達ルート

出典）Suret-Canale（1979: 293），Fage（1978: 48）より筆者作成。

　フランスは，主に3拠点から内陸へと進出した。

　第1の拠点は，17世紀にはすでに奴隷貿易拠点がつくられていたセネガル河口のサン・ルイであった。サン・ルイからセネガル川を遡上し，分水嶺を越えてニジェール川に到達し，左岸に後のマリ国首都バマコとなる植民地化拠点を築いた。

　第2の拠点は現ベナンのコトヌーであった。コトヌーから内陸に進軍しダホメ王国を支配下に置いたのは1894年であった。

　第3の拠点はコンゴ川右岸のブラザヴィルであった。フランスによる中部アフリカの植民地化は，ブラザヴィルを起点にコンゴ川とその支流であるウバンギ川をさかのぼり，コンゴ川右岸，北側へと進められた。

アフリカ植民地化における最後の空白地帯はチャド盆地であった。アフリカを分割するためにヨーロッパ列強によって開かれたベルリン会議の結果，チャド湖の東部一帯，つまり現在のチャドとなる地域は，フランスが支配を進めていたコンゴ，ガボンの後背地であることが定められた。

第2節　フランスのチャド湖への到達

　しかし，この時点で，フランスはチャド湖地方に足を踏み入れてもいなかった。アフリカ中央部にあったチャドは，フランスが拠点を築いたギニア湾岸からの距離が長かったことに加え，熱帯雨林，山地，河川が行路を阻み，たどり着くことが困難な地域であった。しかも，19世紀末，チャド湖一帯はナイル盆地から急進してきたラバー帝国の支配下にあった。これに対してフランスは，5つの遠征隊の派遣によってチャド征服を成し遂げることになった。しかし，これは困難な征服行為であった。

1　第1次遠征隊

　まず，2つの遠征隊がチャド植民地化のための調査隊として，チャド湖へ向けて送り出された。

(1) チャド湖へ到達したモンテイユ隊

　第1隊は，セネガルから東進しチャド湖を目指したモンテイユ隊であった。モンテイユ隊は，1890年9月にダカールを出発し，チャド湖西岸に達した。そしてサハラ砂漠を北上して1892年12月にトリポリに到達した。しかしモンテイユ隊は，チャド湖地方を踏査したのみにとどまり，チャドの支配を確立するには至らなかった。

(2) 壊滅したクランペル隊

　第2隊は，1890年にコンゴのブラザヴィルを出発したクランペル隊であっ

た。クランペル隊の経路はウバンギ川を北上しチャドを目指すものであった。しかし現在の中央アフリカ北部に位置するダル・クティ王国において，ラバー帝国の忠臣であったスルタン，モハメッド・セヌシによってクランペル隊は皆殺しにされた。

19世紀末，スーダンでのマフディ帝国の急激な成長と連動して，ダルフール地方から急速に版図を広げたラバー帝国は，1893年にはチャド湖西南部のボルヌ地方を支配下に置くことに成功した。さらにチャド盆地南部に侵入し，盆地南東部に位置したバギルミ王国を支配下に置こうとしていた。モハメッド・セヌシによるクランペル隊の皆殺しは，フランスのチャド湖地方への侵入を警戒するラバーの意向を受けたものであった。

2　第2次遠征隊

第1次遠征隊がなしえなかった，チャド支配確立のために，フランスは西アフリカ，コンゴ，アルジェリアの3方向からチャド湖を目指す遠征隊をあらためて送り出した（図5-1）。

(1) 西アフリカからのヴーレ・シャノワ隊

第1隊は，西アフリカからチャド湖到達を目指したヴーレ大尉とシャノワの隊である。

ヴーレ・シャノワ隊は，1899年に現マリ国に位置するニジェール川流域のサイで部隊を編成した後，東へと向かった。サイからチャド湖を目指す経路は，英領となっていた現北ナイジェリアの北辺を東進するものであった。

この隊は凄惨な略奪をおこなった。隊の悪行は，ヴーレ，シャノワとの仲違いからフランスへ送還されたペトー中尉によってフランス本国に伝えられた。しかし，調査のためにフランス本国から派遣されたクロブ中佐は，ヴーレとシャノワによって殺害された。これをきっかけとしてヴーレとシャノワが進める略奪行為と強硬な進軍に不満をもっていた兵士が反乱を起こし，シャノワを殺害した。ヴーレはその後を追って自殺した。

2名の統率者の死後,隊長となったメイニエ中尉が率いる遠征隊は1900年2月にチャド湖へ到達する（Suret-Canale 1979）。

(2) コンゴからのジャンティ隊

第2隊は,コンゴからのジャンティ隊である。

ジャンティは,これに先立つ1997年にチャド湖まで踏査した経験をもつ。その途上,シャリ川中流右岸を支配していたバギルミ王国を,フランスの保護領とする条約締結に成功していた。

コンゴ川流域ではフランスによる植民地支配が拡大していた。しかし,コンゴ川から内陸チャド盆地に到達するためには,その北に横たわる森林山地を横断しなければならなかった。

2度目のチャド湖到達と征服の指令を受けたジャンティ隊の行く先を阻んだのは,1890年代にチャド湖地方に覇権を確立していたラバー帝国であった。

ジャンティ隊がとった作戦は,チャド湖へ向けて北上しながら,ラバー帝国の影響下にもあったバギルミ王国,すでにラバー帝国の支配下にあったカネム王国,ラバー帝国の忠臣であったダル・クティ王国の中立を得ることであった。その作戦が功を奏した。ジャンティ隊はチャド湖の南,シャリ川左岸のクセリで,1900年4月に他の2つの遠征隊と合流することができた（Suret-Canale 1979）。

(3) アルジェリアからのフロー・ラミー隊

第3の遠征隊は北アフリカのアルジェリアからサハラ砂漠を縦断し,チャド湖に向かった。この隊を率いたのは探検家フローとラミー少佐である。アルジェを発ったフロー・ラミー隊はサハラ砂漠とアハガル山地,アイル山地を辛苦の末通り抜け,チャド湖東岸を経由し1899年12月にクセリへ到達した。

3隊のうちもっとも早くチャド湖に到達したのはこのフロー・ラミー隊で

あった。次いで西アフリカからのメイニエ隊，最後はコンゴ川からのジャンティ隊であった（Suret-Canale 1979）。

第3節　植民地チャドの完成

1　クセリの戦闘

　3つの遠征隊が現在のカメルーン北部，シャリ川とロゴンヌ川の合流点左岸に位置するクセリにおいて合流したのは1900年4月21日であった。翌22日には，クセリを戦場として，フランス軍とラバー軍との激しい戦闘が起きた。ラバー軍は当時のアフリカ国家としては相当の軍事力を備え兵員も多かったが，装備で勝るフランス軍が勝利し，ラバー軍は同日のうちに壊滅した。ラバー自身もこの戦闘で死亡した。フランス軍の方もラミー少佐が戦死した。

2　フォール・ラミーの建設

　フランス軍は，シャリ川右岸にチャド支配のための拠点を建設し，戦死したラミー少佐の名をつけてフォール・ラミー（Fort Lamy ラミー要塞）と命名した。当時のフォール・ラミーはアラブ・シュワの小さな集落であった。これが後のチャド国の首都ンジャメナである。

3　チャド東部の平定

　フランスのチャド支配のための拠点はできたが，チャドの平定にはもうしばらくの年月を要した。特に，チャド東部，英領スーダンに接したアベシェに王都を置くワッダイ王国の抵抗が激しかった。当時のワッダイ王国は，ラバー帝国の支配のもと衰退期にあった。しかしスルタン，ムハンマド・ユスフが先頭に立ちフランス軍への抵抗を続けた。ワッダイ王国がようやくフランスの支配下となったのは1909年のことであった。ムハンマド・ユスフはアベシェから逃亡しながらもフランス軍への攻撃を続けたが，ついに降伏し1911年ワッダイ王国は廃された。

第6章　フランス領チャドの植民地経営と独立後の経済

　フランスによる植民地化がチャドにもたらしたもっとも重大な影響は，チャドの内陸化であった。内陸化あるいは孤立化をフランス語でアンクラーブマン（enclavemet）と呼ぶ。サハラ南縁のイスラーム文明発展に大きく寄与した北アフリカとチャドとの結びつきは，地中海岸のリビアがイタリアによって植民地化されたことにより分断された。

　東西間の結びつきも同様に分断された。チャドの南西に位置する現カメルーンはドイツによって植民地化された。東隣の現スーダン，西隣の現ナイジェリアはイギリスによって植民地化された。

　内陸化によってフランスによるチャドの植民地経営も困難を極めた。チャドとフランス本国との結びつきは，大西洋ギニア湾岸との頼りない輸送ルートに頼らざるをえなかったからである。

　ギニア湾岸からチャドまでの間の陸路の開拓には，困難な自然条件が待ち受けていた。チャドの内陸化は，植民地境界をそのまま引き継いだ独立後のチャドの経済にも悪影響をもたらすことになる。

第1節　チャドの内陸化

1　サハラ交易の分断

　チャドが歴史的に強い結びつきをもっていたのは，サハラ交易を通じて交

流があった北のリビア，東西交易・巡礼路を通じた東のスーダン，西のナイジェリアとカメルーンであった。

しかし異なるヨーロッパ宗主国によるアフリカ分割によって，歴史的文化的結びつきは断ち切られた。リビアはイタリアに，スーダン，ナイジェリアはイギリスに，カメルーンはドイツによって植民地化された。

これにともなって，サハラ南北交易ルート，東西交易・巡礼ルートという地域間交流ルートが分断された。植民地化によってチャドは地政学的に内陸化したのみならず，社会的，経済的にも内陸化してしまったのである。

分断がもたらしたものは，物流と地域間交流の破壊だけでは収まらなかった。人工的国境線によって，同一民族が異なる植民地に分断されて暮らすことになったにとどまらず，それまで交流がなかった諸民族が同一国家で共存せざるをえないという事態も招いた。たとえば，チャド北部に横たわるティベスティの山中に分布するテダはチャドとリビアに，チャド西部ロゴンヌ川中流のマサ，コトコ，ムンダンはチャドとカメルーンに，東部のザガワがチャドとスーダンに，南部の最大民族サラも，チャドと中央アフリカに分断された。

その一方，サハラを中心とした北方イスラーム牧畜民族と，南部湿潤地帯の民族という，それまで交流が少なかった民族間の共存も求められるようになった。

2　内陸に孤立するチャド

(1) 仏領赤道アフリカの誕生

チャドの軍事的制圧に成功したフランスは，ここを仏領コンゴに編入した。仏領コンゴは，ガボン，コンゴ，ウバンギ・シャリ，チャドの4つの地域からなる（図6-1）。ガボンは現在のガボン共和国，ウバンギ・シャリは中央アフリカ共和国，コンゴはコンゴ共和国の基礎となり，チャドは現在のチャド共和国の基礎となった。仏領コンゴという名称は1910年に，仏領赤道アフリカに改名された。

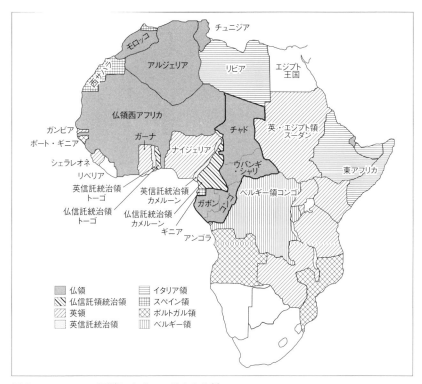

図6-1　ヨーロッパ列強によるアフリカの分割
出典）Fage（1978: 58）.

(2) ギニア湾への4つの輸送ルート

フランスは，以下の4つのルートによって，ギニア湾とチャドを結ぶ流通路を確保しようとした（図6-2）。

① ウバンギ・シャリ・ルート：第1のウバンギ・シャリ・ルートは，ギニア湾岸からコンゴ川，ウバンギ川を遡上してチャドに至るルートである。このルートの利点は，上記2河川の水運を利用できる点にある。しかし，チャド統治拠点であったフォール・ラミーまでの距離は，およそ

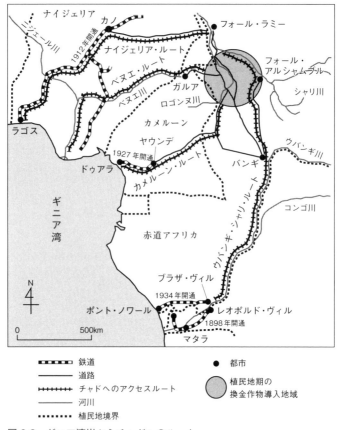

図6-2 ギニア湾岸からチャドへのルート
出典）Cabot（1965: 165）.

2,500kmと4つのルート中最長であった。しかも，ウバンギ川遡上の後は，広大な森林山岳地帯を横断しなければならず，その森林山岳地帯ではいくつもの河川を渡渉する必要があった。したがってチャドへの到達には多くの日数を要した。これは逆にチャドからギニア湾に達する場合も同じであった。

　ベルギー領コンゴの鉄道を利用しても，ギニア湾岸からウバンギ・シャ

リを経由し，フォール・ラミーまでは少なくとも22日を要した。その内訳は，コンゴ川下流の港マタディからベルギー領コンゴの首都レオポルド・ヴィル（現在のキンシャサ）まで鉄道で2日，レオポルド・ヴィルからウバンギ・シャリの統治拠点バンギまで蒸気船で10日，森林山岳地帯の横断に自動車で2日，チャド盆地到達後シャリ川上流のバンガファロからフォール・ラミーまでは再び船で8～15日というものであった（Cabot 1965）。

② ベヌエ・ルート：第2のベヌエ・ルートは，ニジェール川の支流であるベヌエ川の水運を利用するものであった。英領ナイジェリアを通過するベヌエ川は，ヨーロッパ列強間によって国際河川と取り決められ，フランス船の航行が可能であった。しかし，このルートは，航行可能な水深を得ることができるベヌエ川の増水期しか使えなかった。その期間はわずか3ヵ月ほどであった（Cabot 1965）。しかも，ドイツ領であったカメルーン北部（1916年より仏信託統治領）と，さらに英領であったナイジェリアを通過せざるをえないという，地政学的に安定したルートではなかった。

③ ナイジェリア・ルート：第3のナイジェリア・ルートは，1912年に開通したラゴス－カノ間の鉄道輸送と，カノ－フォール・ラミー間の自動車輸送を利用するものであった。その距離はおよそ1,500km。このルートを利用した場合，英領ナイジェリアの中心地ラゴスからンジャメナまでの所要日数は8日と，4ルートの中でもっとも少なかった。所要日数の内訳は，ラゴスから北ナイジェリアのカノまで鉄道で2日，カノからンジャメナまでは自動車で6日であった（Cabot 1965）。しかしこの時代，自動車といっても大量の荷を運搬できるものではなかった。

④ カメルーン・ルート：第4はカメルーン・ルートである。1916年にドイツ領からフランス信託統治領となったカメルーンに入り，カメルーンを縦断し，ギニア湾のドゥアラまで達するルートであった。しかしこのルートの実用化はほとんど不可能に近かった。アダマワ山地を越える輸

送路の開拓がとりわけ困難であった。さらにその南部も通過困難な熱帯雨林地帯であったため，ギニア湾岸のドゥアラから，アダマワ山地の都市ガウンデレまでの鉄道が完成したのは1974年のことであった。

1922年の統計によると，チャドから輸出される綿花の輸送において，もっとも多く利用されたのは第1のウバンギ・シャリ・ルートであった（Cabot 1965）。しかし現在の主要ルートは，第4のカメルーン・ルートである。カメルーンのアダマワ山地のガウンデレ駅周辺では，チャドから荷物を満載して到着した大型トラックを頻繁に見かけることができる。ただしこれは，チャドの石油発見にともない，カメルーン国境のトゥボロからガウンデレまでの舗装道路ができたためである。

第2節　西部，南部中心の植民地経営

1　チャド西部，南部の農業開発

チャドが仏領赤道アフリカの最奥部に位置していたゆえ，フランスによるチャドの植民地経営は困難を極めた。植民地化当初，フランスはチャドの植民地経営には消極的であった。チャドは軍事的領土と位置づけられ，植民地軍によって統治された。

それでもフランスはチャドの農業開発を進めた。その中心地は，チャド西部と南部，特にシャリ川左岸地域とロゴンヌ川流域であった。この地域には肥沃な堆積土があり，人口が多く労働力も豊富であったからである。フランスが植民地開発の重点を置いた西部，南部はフランス語で Tchad Utile（有益なチャド）とも呼ばれる。

チャドの北半分は砂漠地帯で，オアシスや季節河川沿いの氾濫原を除いて，農産物の生産はほぼ不可能であった。そのうえ，チャドの北に位置するリビアはイタリアによって植民地化されたため，地中海とチャド間のキャラバン・ルートを物資輸送に使用することもできなかった。

植民地期にチャド西部，南部で推進された換金作物はラッカセイ，イネ，綿花であった。換金作物栽培地域としてシャリ川左岸とロゴンヌ川流域が選ばれた理由は2つある。第1に自然条件が綿花とイネの栽培に適していたこと，第2にベヌエ・ルートを利用して，フランス本国への輸出に有利であったことである。

2　植民地期の換金作物栽培推進

(1) ラッカセイ栽培と商品作物化

ラッカセイ生産は，植民地政府の強制によっていったん増加したにもかかわらず，その後減少に転じた。他の西アフリカ諸国の輸出用ラッカセイ栽培地域と違い，チャド南部は輸出のためのインフラが整備されなかった。ラッカセイが収穫される頃にはベヌエ水運は水量減少のためにすでに運搬できない状態となった。それゆえ生産されたラッカセイの大部分は，チャドにおいて消費された。チャド独立以降，チャド南部で生産されたラッカセイの大半は，南部都市ムンドゥに建設されたラッカセイ製油工場へ送られたのである。

(2) ロゴンヌ川両岸の稲作推進

稲作がチャド西部ロゴンヌ川中流域で推進されたのは，この地域がドイツ領カメルーンであった1910年にまでさかのぼる。第一次世界大戦終了まで，ロゴンヌ川右岸地域はドイツ領カメルーンの一部であった。ドイツは1910年代にこのロゴンヌ川右岸地域に水田を整備し稲作をはじめた。第一次世界大戦でのドイツの敗北の後は，ロゴンヌ川右岸を手にしたフランスが稲作の拡大をはかった。

しかし，当初，稲作はたいして広まらなかった。フランスが本格的に稲作を拡大しはじめた時期は，第二次世界大戦中のことであった。その理由は，大戦の影響で東南アジアからフランス本国へのコメの輸出が停止したことによる。東南アジアにかわるコメの生産地として注目されたロゴンヌ川沿岸地域では，半ば強制によって稲作が広まっていった。生産されたコメは，仏領

赤道アフリカが支持するシャルル・ド・ゴール率いる自由フランス軍の食糧，フランス植民地アフリカの都市住民の食糧ともなった（Cabot 1965）。

他方，カメルーン領であるロゴンヌ川左岸で稲作がはじまったのは，右岸地域よりも大きく遅れて1954年のことであった。ロゴンヌ川左岸での稲作は，導入時から大規模におこなわれた。

しかし大規模な水田開発は在来農業に大きな悪影響を及ぼす場合がある。稲作を可能にするためには，水位をコントロールするための堰が必要であった。1979年，ロゴンヌ川中流域のカメルーン側ヤグアで，巨大な堰が建設され大規模な水田開発がおこなわれた。その結果，堰よりも下流の水田以外の土地は干上がり，在来農業にとどまらず，チャド湖南岸のヤエレと呼ばれる野生動物豊富な大湿地帯に大きな打撃を与えた。

(3) チャド南部における綿花栽培

綿花は植民地期，独立後を通じてチャドの最重要輸出産物であった。しかし問題は，直線距離でも最短1,000kmを超えるギニア湾への輸送ルートであった。

植民地時代によく利用された経路は2つあった。第1はベヌエ水運を利用するベヌエ・ルート，第2はウバンギ高地を越えるウバンギ・シャリ・ルートであった。1950年代にはどちらの所要日数も10日程度に短縮されていた。ベヌエ・ルートの利用比率は，1950年代半ばまで40％程度であったが，1950年代後半以降，主要経路はウバンギ・シャリ・ルートに移った。その比率は最大60％に達した。主要経路がかわった理由は，雨季3ヵ月間に限られたベヌエ川の航行可能期間による制約，フランス資本の運送会社とチャド綿花会社間の契約による，ウバンギ・シャリ・ルートのコスト・ダウンであった（Cabot 1965）。

チャド盆地南部は綿花栽培に適した自然条件を備えている。チャドにおける綿花栽培の推進がはじまったのは1928年であった。綿花の栽培は，植民地化以前にもカメルーン北部のウシ牧畜民フルベによっておこなわれていた。

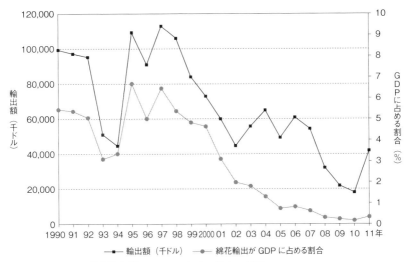

図 6-3　チャドの綿花輸出額と GDP に占める比率の推移
出典）FAOSTAT より筆者作成。

植民地政府は，仏領赤道綿花会社（COTONFRAN, Compagnie Cotonière Equatoriale Française）を設立し，綿花栽培を推進した。しかし稲作同様，綿花栽培は当初，農民の間に浸透しなかった。植民地政府は，強制によって綿花栽培の普及を進めるようになった。

その方法とは，首長を通じて綿花栽培を集団化することであった。収穫された綿花は，村落単位で集められ，収穫量が記録された。綿花の代金は，各生産者に直接支払われなかった。代金は一括して首長に預けられ，首長の一定の取り分を差し引いた後に各生産者に支払われたのであった。

こうした強制的な方法以外にも，綿花生産拡大のための努力が払われた。それは，綿花生産者に対する鍬や塩の配布，優良生産者に対する自転車や銃の提供によって生産意欲を向上させることであった（Cabot 1965）。植民地政府はこうした「アメとムチ」を使い分けながら，綿花栽培を次第に住民の間に定着させていった。

先にも記したように，チャド独立後，綿花の連続耕作による土地の疲弊，国営チャド綿花会社の経営難によって綿花生産量と輸出量は下落した。その背景には独立以来続くチャドの紛争もあった。巨額負債を抱えたチャド綿花会社は，2012 年にはチャド政府から 800 億 CFA（1 億 2,200 万ユーロ）の投資を受け，新チャド綿花会社(Coton Tchad Société Nouvelle)として再出発した。

　1990 年代後半以降の綿花輸出低迷の背後には第 3 節で論ずるチャドの石油開発がある。独立以来チャドの GDP と綿花輸出量には相関関係があった（図 6-3）。綿花輸出が GDP に占める割合は 5 〜 7％とそれほど高いものではなかったが，綿花輸出量と GDP は連動して増減を繰り返してきた。

　しかし，石油輸出がはじまると，チャド経済における綿花輸出の重要性は大幅に低下した。特に，石油生産量が大幅に増加した 2004 年以降の GDP に占める綿花輸出の割合は，1％以下となった（図 6-3）。

第 3 節　石油開発

1　石油開発資金と利益分配問題

　内陸国ゆえの経済停滞に陥っていたチャドで石油が発見された。

　石油鉱脈が発見された場所は，チャド南部都市ドバ近郊であった。チャド南部における原油の埋蔵は，1960 年代より確認されていた。しかし，繰り返される紛争によってチャドの石油開発は進まなかった。石油開発がようやくはじまったのは，政治が比較的安定したデビ政権下（1990 年〜 2016 年現在）においてであった。

　多数の企業がチャドの石油開発に関心を示したが，取り分を少しでも多くしようとするチャド政府との交渉は難航した。最終的に石油開発プロジェクトに携わったのは 3 社であった。その 3 社とは，アメリカ資本のエクソン・モービルとシェブロン，マレーシア国営企業であるペトロナスである。

　しかしこのプロジェクトには多額の資金を要した。その理由は内陸国であるチャドからの石油輸出のために，隣国カメルーンのギニア湾岸までの

1,070kmに及ぶパイプラインを建設する必要があったからである。結局，資金問題は，石油3社から59.9％，世界銀行（以下「世銀」）から12.9％，残りは民間投資でまかなうことによって解決した。

　世銀はチャドに石油開発資金を融資する条件として，政府石油収入の85％をチャド国民の生活と福祉向上のために優先して使用するという条件を課した。その内訳は，80％がチャド全体の社会福祉サービスと環境問題に，5％が石油掘削地であるドバ地域の産業育成であった。政府の実質取り分は残りの15％であった。

　石油輸出が開始されたのは2003年であったが，まもなくチャド政府と世銀，石油会社の間に利益配分に関する乖離が表面化した。

　当初の合意では，チャド政府の取り分は，石油輸出額の12.5％で，パイプラインが通過するカメルーンの取り分は8.5％であった。チャド政府は歳入を少しでも増やそうと，石油会社に50％の法人税率をかける決定をした。

　さらに2005年，チャド政府はシェブロンとペトロナスに対し，法人税未払いを理由に国外退去を命じた。前述したように石油会社に課された法人税は，50％と高率なものであったが，チャド政府とこの2社との間には法人税算定額の食い違いがあった。最終的には石油会社が妥協し，チャド政府が主張する税額を納めることによって事態は収束した。

　さらに同年，チャド政府は世銀に対し，チャド政府取り分を15％から30％に引き上げる要求をした。これも世銀とチャド政府の間に大きな乖離を生んだが，結局は世銀が妥協し両者は和解した。

2　貧困削減に結びつかない石油開発

　2002年の石油輸出開始以来，チャド経済の石油への依存度は激増した。
　チャドのGDPは，石油輸出開始前の20億ドル内外から134億ドル内外(2013年）へと10年間で7倍に増加した（図6-4)。石油輸出額がGDPに占める割合も30～40％の高率を維持している（図6-5)。2013年の石油輸出額は42.5億ドルであったので，チャド政府の収入額は約5億ドルと算出される(UNCTAD)。

1人当たりのGDPも,石油輸出開始前は200ドル内外であったものが1,218ドル（2013年）へと10年間に5倍以上に増加した（図6-6）。こうした数値をみる限り,チャドの経済は大きな発展期にあるとみることもできる。
　しかし,チャドのイドリス・デビ大統領は世銀との合意を無視し,石油利益を反政府武装勢力掃討のための資金に流用していた（Jeune Afrique 2009）。2013年においてもGDP,平均余命,識字率,就学率から算出されるチャドの人間開発指数は,世界186ヵ国中184位（2013年）と低迷し,現金収入が1日当たり1.25ドルを下回る絶対的貧困ライン以下の人々が60％にも達する状況にある。石油開発の恩恵がチャド国民に届いているとはいいがたい（表0-1）。

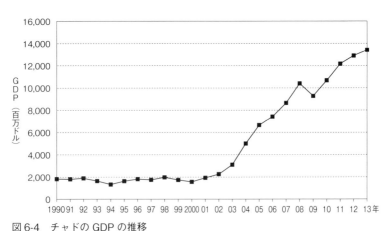

図6-4　チャドのGDPの推移
出典）IMFウェブサイトより筆者作成。

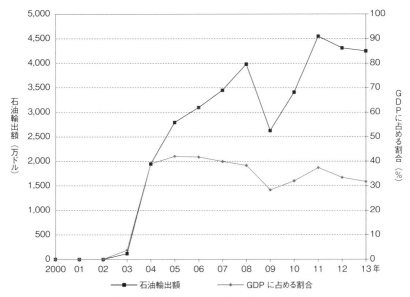

図 6-5　チャドの石油輸出額と GDP に占める割合の推移
出典）UNCTAD ウェブサイトより筆者作成。

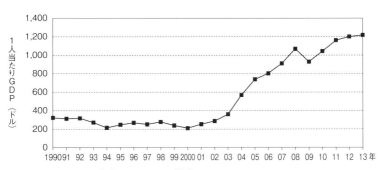

図 6-6　チャドの 1 人当たり GDP の推移
出典）IMF ウェブサイトより筆者作成。

第7章　チャド独立後の政治紛争史

　チャドの植民地化は「内陸化」によるチャドの経済的後進化にとどまらず，異なる歴史的文化的背景をもつ諸民族を，チャドという1つの植民地の中に押しこめるかたちで成立した。こうした矛盾を抱えたまま，植民地境界をそのまま引き継いでチャドは独立した。

　これが独立以来続くチャドの紛争につながっていく。

　1960年に独立したチャドの歴代大統領は6人を数える。そのうち，南部出身のキリスト教徒の初代，第2代の大統領による支配は19年間，3代から7代までの北部出身イスラーム教徒の大統領による支配は，その後の37年間である（2016年時点）（表7-1，図7-1）。

　チャドの独立は，現在まで続く紛争時代の幕開けでもあった。独立後のチャドの近代史は，独裁と紛争の歴史でもある。政治紛争は当初，南北間の対立であった。しかし，北部出身者による政権が続くと，紛争は北北対立の様相を呈するようになった。1990年来続くイドリス・デビ大統領政権下では，大統領出身民族からの敵対者が出たばかりではなく，親族内からさえ反政府勢力が誕生した。

　本章では，チャド近代政治史の諸研究（Le Cornec 1963, Buijtenhuijs 1987, Lanne 1998, Bangoura 2005, Haggar 2007）を整理したうえで，チャド独立以来の政治紛争を考察してみたい。

表7 1　チャド共和国の歴代大統領

代	氏名	在任期間（在任年数）	民族	出身地	宗教	就任までのキャリア／退任後の処遇	
1	フランソワ・トムバルバイ（François Tombalbaye）	1960年8月～1975年4月（14年8ヵ月）	サラ	ベッサダ（マンドゥル県）	キリスト教	文民，政党活動／暗殺	19年間
2	フェリックス・マルーム（Félix Malloum）	1975年4月～1979年2月（3年11ヵ月）	サラ	サール（モヤン・シャリ県）	キリスト教	政府軍／ナイジェリアへ亡命 2002年チャドへ帰還 2009年死亡	
3	グクーニ・ウエッデイ（Goukouni Oueddei）	1979年3月～1979年4月（38日）	テダ	ズアル（ティベスティ県）	イスラーム教	行政官→反政府軍／アルジェリアへ亡命 2009年チャドへ帰還	
4	ロル・モハメド・シュワ（Lol Mahamat Choua）	1979年4月～1979年11月（7ヵ月）	カネムブ	ボル（ラック県）	イスラーム教	ンジャメナ市長 1979年9月辞職 デビ政権下で政党活動	37年間
5	グクーニ・ウエッデイ（Goukouni Oueddei）	1979年11月～1982年7月（2年8ヵ月）	テダ	ズアル（ティベスティ県）	イスラーム教	行政官→反政府軍／アルジェリアへ亡命 2009年チャドへ帰還	
6	イッセン・ハブレ（Hissène Habré）	1982年7月～1990年12月（8年6ヵ月）	ゴラン（トゥブ）	ファヤ・ラルジョウ（ボルク県）	イスラーム教	行政官→反政府軍／セネガルへ亡命 国際裁判への送還決定	
7	イドリス・デビ（Idriss Déby）	1990年12月～2016年8月 現在に至る（25年9ヵ月）	ザガワ	ベルドバ（エネディ県）	イスラーム教	反政府軍→ハブレ政府軍→反政府軍／在任中	

出典）Bangoura（2005），Dingammadji（2011）より筆者作成。

第1節　植民地期の二大政党

　植民地チャドにおいて，チャド人自身による政治活動が活発化したのは，植民地化から半世紀近く経った第二次世界大戦後であった。植民地期のチャドの政党活動は2つの政党によってリードされた。
　その1つは，1947年に設立された，チャド進歩主義者党（Parti Progressiste

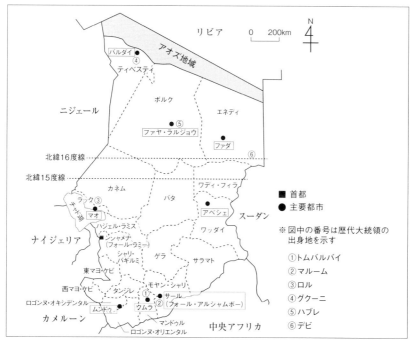

図 7-1 チャドの歴代大統領出身地
注）行政区分は 2006 年時点のもの。

Tchadien, 以下「PPT」）である。PPT の目標は，チャドの独立であった。PPT を主導したのは，ハイチ出身の黒人植民地行政官であったガブリエル・リゼット（Gabriel Lisette）であった。同党はアフリカ民主連合（Rassemblement Démocratique Africain, 以下「RDA」）の加盟政党であった。RDA とは，植民地に本国と同等の権利と義務を保障するフランス連合（Union Française）内での，アフリカ植民地の地位向上を目指す政治組織であった。

2 つ目の政党は同じく 1947 年に設立された，チャド民主連合（Union Démocratique du Tchad, 以下「UDT」）であった。UDT は，ド・ゴール率いるフランス国民連合（Rassemblement du Peuple Français, RPF）の影響を受

け,植民地体制の維持を支持していた。フランス国民連合の主張は,植民地体制において宗主国フランスの主権を守ることにあった。

この2つの政党のうち,勢いを増していったのは,PPTの方であった。

PPTの創立時,その主要メンバーには少なからぬ北部出身者がいた。しかし,植民地チャドが独立に向かう途上で,優位に立ったのは南部出身者であった。

第2節　初代トムバルバイ政権と南北対立

1　トムバルバイの独裁政治

(1) 南部出身の初代大統領トムバルバイ

チャドの初代大統領はフランソワ・トムバルバイ（以下「トムバルバイ」）であった。トムバルバイの出身民族はチャド最南部に分布する最大民族サラである。

トムバルバイは1918年にチャド南部,現在のマンドゥル・オリエンタル県のベッサダで生まれた。フォール・アルシャンブル（Fort Archambult, 現在のサール）の小学校を卒業した後,コンゴのフランス植民地拠点であるブラザヴィルで教員資格を取得した。

しかし,トムバルバイが目指したのは教員ではなく,政治家であった。PPTの設立に参加し,党内での地位を高めていく。独立の直前にPPTのトップに立ったトムバルバイは,1959年に樹立されたチャド暫定政府の大統領となり,1960年8月11日の独立に際し,初代大統領となった。キリスト教の浸透やフランス語教育といった面で,フランス植民地時代の影響を強く受けた南部出身のトムバルバイが政治権力を強め,初代大統領となったことは,植民地期の南部偏重政策を考慮すると当然の結果であった。

(2) 3つの特別治安組織

初代大統領となったトムバルバイの政権がチャドにもたらしたものは,敵

対者を徹底的に排除する独裁政治であった。

まず1962年には多党制が廃され，翌1963年にPPTの一党独裁体制が築かれた。この後，3つの特別治安組織が次々と設立され，反政府勢力への弾圧が強化された。

第1の特別治安組織である特別警察が秘密裡に組織されたのは1963年であった。この組織の役割は反トンバルバイ勢力の弾圧と排除にあった。その主な対象は北部出身のイスラーム教徒であった。その中には，国民議会議長マハマット・アブデルケリム（Mahamat Abdelkerim）さえも含まれていた。トンバルバイの独裁手法はチャド内外からの強い非難を浴びるが，独裁体制はさらにエスカレートしていく。

1967年には第2の特別治安組織，チャド治安隊（Groupement des Compagnies Tchadiennes de Sécurité）が設立された。チャド治安隊の任務はクーデターの事前予防のために軍人，国民を監視することであった。その手段として，徹底的な電話盗聴がおこなわれた。

さらに第3の特別治安組織が設立された。これは大統領府に構えられたアフリカ・マダガスカル共同機構（Organisation Commune Africaine et Malgache）チャド事務所を隠れ蓑として，秘密裏につくられた反政府主義者取り締まりの特別部隊であった。アフリカ・マダガスカル共同機構とは，マダガスカルを含む旧フランス領アフリカ諸国の経済協力機構であった。

これらの3つの特別治安組織によって，反政府と疑われる者の摘発，逮捕，拷問は常態化した。

トンバルバイの強硬な独裁政治は，チャド軍人からの強い反発も招いた。それに対する懐柔策として，反トンバルバイの先鋒であったフェリックス・マルーム（Félix Malloum，以下「マルーム」）将軍が軍参謀長として登用されたが，マルームはやがてトンバルバイから離反し投獄された。マルームもトンバルバイと同じ南部出身のサラであった。

第7章　チャド独立後の政治紛争史　91

(3) チャド化政策

トムバルバイが在任末期にとった文化政策は，多民族国家チャドの現実を無視したものであった。

1973年にPPTは解体され，チャド国民文化社会革命運動（Mouvement National pour la Révolution Culturelle et Sociale）が設立され，これが唯一の合法政党となった。ザイールのモブツ大統領がとった真正化（Authentisité）政策を模倣し，文化・社会のチャド化政策がはじまった。

首都はフォール・ラミーと呼ばれていたが，ンジャメナと改名された。南部の主要都市フォール・アルシャムブルはサールに改名された。フォール・ラミー，フォール・アルシャムブルは，フランス軍人の名をとって命名された都市名であった。

一連のチャド化政策のうち，とりわけ「ヨンド（Yondo）政策」が諸民族の大きな反感をかった。「ヨンド政策」とは，チャド南部に分布するすべての民族に対して，トムバルバイの出身民族サラの成人儀礼「ヨンド」を強制したものであった。

独裁と南部偏重政策に対する不満は，北部のイスラーム諸民族にとどまらず，チャド全体から湧き上った。その結果トムバルバイは，1975年に暗殺された。このクーデターを主導したのは，チャド軍の将校グループであった。

2　北部イスラーム勢力FROLINATによる反政府活動

(1) FROLINATの誕生と北部占領

トンバルバイ政権下の1966年6月，反トムバルバイの北部出身者を中心にして設立されたのが，チャド国民解放戦線（Front de Libération National du Tchad, 以下「FROLINAT」）であった。

FROLINAT設立の母体となったのは2つの反政府組織である。

第1は，イブラヒム・アバチャ（Ibrahim Abatcha, 以下「アバチャ」）率いるチャド国民連合（Union Nationale Tchadienne, 以下「UNT」）である。アバチャはアルジェリアにおける国民解放戦線（Front de Libération Nationale）の影

響を受けた人物である。

　アバチャが目指したのは植民地支配の影響を根絶することであった。脱植民地体制を目指すUNTは，1958年に投票がおこなわれたフランス共同体参加への是非を問う国民投票へのボイコット運動を働きかけた。フランス共同体とは，フランス連合における植民地の権利をさらに向上させた宗主国と植民地の連合体制である。つまりフランス共同体への参加は植民地体制の維持を意味した。

　しかしUNTの試みは失敗した。国民投票の結果，チャドはフランス共同体の一員となった。チャド独立後，アバチャは，トムバルバイ独裁体制に対する反政府活動をはじめた。

　第2の母体は，ハッサン・アフマト・ムサ（Hassan Ahmat Moussa）率いるチャド解放戦線（Front de Libération du Tchad, 以下「FLT」）であった。ハッサン・アフマト・ムサはトムバルバイ政権による多党制禁止がはじまった直後に，隣国スーダンに避難しFLTを創設した。

　北部出身者によるFROLINATの結成の背景には，南部偏重政策と一党独裁化に進むトムバルバイへの不満があった。

　FROLINATの支配地域は拡大し，チャド北部3県（ボルク，エネディ，ティベスティ）の90%，およびアベシェを含む東部の都市を支配するに至った。FROLINATが北部3県の制圧に成功した理由の1つに，駐留フランス軍の撤退があった。1965年の駐留終了の際に，トムバルバイはフランス軍に再駐留要請をしたが受け入れられなかった。フランスが与えたのは限定的な軍事支援のみであった。

(2) FROLINATの世代交代

　FROLINATの組織は，UNTとFLTという2つの主要母体によって支えられてきたが，その他多数の反政府勢力も巻き込んだ不安定な集合体であり，分裂の危険を常に抱えていた。

　創設以来，FROLINATの主導権を握ったのは，UNTのアバチャであった。

しかし，アバチャは，政府軍との戦闘で1968年に死亡した。アバチャの死後，FROLINATの主導権を掌握したのは，トンバルバイのPPTから離反しUNTに合流したアバ・シディック（Abba Sidick）であった。

1970年代半ばになると，人望が薄かったアバ・シディックに代わって2人の北部人が台頭した。後に第3代，第5代大統領となるグクーニ・ウェデイ（Goukouni Oueddei，以下「グクーニ」）と，第6代大統領となるイッセン・ハブレ（Hissène Habré，以下「ハブレ」）である。両者はともにチャド北部の牧畜民トゥブである。グクーニはトゥブの中でもティベスティ山中に分布するテダ出身，ハブレはファヤ・ラルジョウを中心に分布するダザ（ゴラン）出身である。

グクーニはティベスティで1944年に生まれた。グクーニの父は，牧畜民テダの間でも信望を集めるサヌーシー教団の宗教的指導者であった。チャドとリビアにまたがって分布するテダの多くは，サヌーシー教団の信徒である。サヌーシー教団とは，リビアのキレイナカに拠点を置くイスラーム神秘主義の一派である。リビアの植民地化を進めたイタリアに対して，激しく抵抗したことでも有名である。

バルダイ県の行政官であったグクーニが職を捨てFROLINATに合流したのは1969年のことであった。やがてグクーニはFROLINATの中で頭角を現し，一部隊の指揮官となった。

他方，ハブレは1942年にボルクの県都ファヤ・ラルジョウにて牧畜民の家に生まれた。ボルク県，カネム県で県知事を務めたハブレは，法律を学ぶためにフランスに渡った。留学中，トンバルバイの独裁政治に不満を抱きはじめたハブレは，博士課程を中退してチャドに帰国し，FROLINATに参加した。ハブレが配属されたのは，グクーニ指揮下にあったティベスティであった。グクーニはハブレを歓待した。ハブレは第2のFROLINAT軍である，北部軍司令会議（Conseil de Commandement des Forces Armée du Nord，以下「CCFAN」）を新たに創設し，その司令官となった。

(3) グクーニとハブレの対立とリビアの南進

やがてグクーニとハブレの対立が生じた。その理由は，グクーニとリビアのカダフィとの親密化が進んだからである。グクーニにとって，カダフィとの協力はチャドの覇権を制するために必要不可欠であった。

カダフィは権力掌握直後から，リビア‐チャド国境南縁地帯のチャド側のアオズ地域の領有を主張していた（図7-1）。実際1973年にはアオズ地域に進攻し，1976年には一方的にアオズ地域の併合を宣言した。

リビアがアオズ地域を占領した理由は2つある。

第1は，アオズ地域に埋蔵する地下資源があったことである。第2は，カダフィが構想したサハラ合衆国構想の実現のためであった。

カダフィのサハラ合衆国構想とは，イタリアによって植民地化されたリビアと，フランスによって植民地化されたチャド，ニジェール，マリ，イギリスによって植民地化されたナイジェリアといったサハラ南縁諸国との分断状況を解消し，サハラを中心とした一大勢力を築くものであった。

カダフィと親密化するグクーニに対する，ハブレの反感は次第に高まっていった。グクーニとハブレの敵対がさらに深まったのは，1974年4月に起きたフランス人考古学者フランソワーズ・クラストル一行の誘拐事件での人質の解放条件をめぐる対立であった。

ティベスティ山中を調査中であった一行6名のうち，ドイツ人1名とチャド人兵士2名がFROLINATの部隊によって射殺され，クラストルを含めた3名（フランス人2名，ドイツ人1名）が誘拐された。

FROLINATはフランス政府とドイツ政府に対して身代金を要求した。ただちに身代金を払ったのはドイツ政府で，ドイツ人スタエヴェンは解放された。それに対しフランス政府は身代金の支払いに応じなかったばかりでなく，人質の救出作戦を強行した。しかし，人質救出作戦は失敗に終わり，派遣されたギャロパン少佐は返り討ちにあった。

人質の扱いをめぐって，解放を容認するグクーニと，高額の身代金（1,000万フラン，当時のレートで約7億円）を要求するハブレの対立は激化した。

結局，この誘拐事件は，フランスから人質解放の仲介要請を受けたカダフィが，グクーニを説得することで解決に向かった。グクーニはハブレの反対を押し切って人質の解放を強行した。

　この事件以降，カダフィからの多大な支援がグクーニに与えられるようになった。他方，ハブレとグクーニおよびカダフィの敵対関係は強まった。しかし，南部勢力に対しては，グクーニとハブレが協調することもあった。

第3節　南北対立から北北対立へ

1　南北連合政府の破綻──マルーム政権

　トムバルバイ暗殺を成功させたチャド軍将校グループによって，軍事高等会議（Conseil Supèrieur Militaire）がただちに組織された。暫定大統領となったのはトムバルバイに離反し投獄されていたマルームであった。

　しかし，マルーム政権は，チャドの混乱を収めることはできなかった。その原因は，北部を中心に展開されるFROLINATの反政府活動の活発化にあった。マルームは政権維持のためには，台頭するFROLINAT勢力を政権に取り込まざるをえない状況となった。マルームからの政権参加を請われたFROLINATが送り込んだのは，ハブレであった。1978年8月，マルームを大統領，ハブレを首相とする南北連合政府が樹立された。

　しかし，この南北連合政府はすぐに崩壊した。それはマルームとハブレの対立の激化による。たとえばハブレは，ラジオ番組でマルームを公然と批判したばかりか，外国訪問から帰ったマルームの出迎えを拒むことさえあった。

　マルーム時代の南北対立は，軍事面においても大きな社会混乱を招いた。ハブレが率いるCCFANは北部軍（Forces Armées du Nord，以下「FAN」）と改名されたが，ハブレの台頭を恐れたマルームがFANをチャド正規軍に編入することを拒んだため，ハブレの私有部隊としてンジャメナに駐留していた。

　1979年2月，FAN軍駐留地に隣接する高校で，ハブレが提案するストラ

イキに同調する北部出身学生と,ストライキに反対する南部出身の学生間の争いが勃発した。これが,FAN軍とチャド国正規軍との衝突にまで発展した。

　軍事衝突は1ヵ月にわたって続いた。この軍事衝突によって,ンジャメナ住民の多くは対岸のカメルーン領クセリへの避難を余儀なくされた。こうした混乱の中,グクーニはFROLINAT内の支持を集め,人民軍（Forces Armées Populaires, 以下「FAP」）を組織する。

2　暫定国民連合政府樹立と混乱の激化――グクーニ政権

(1) 暫定国民連合政府の樹立

　チャドの混乱を収束させるため,ナイジェリア,カメルーン,中央アフリカ,スーダン,リビア,ニジェールといったチャド近隣諸国とフランスの仲介によって,チャド和平会議がナイジェリアの北部都市カノにおいて開かれた。これに参加したチャド諸勢力の数は,マルーム,グクーニ,ハブレを含めた11に及んだ。1979年3月におこなわれた第1回の交渉で合意されたのが,暫定国民連合政府（Gouvernement d'Union Nationale de Transition, 以下「GUNT」）の樹立であった。政治的野心を放棄したマルームは,会議終了後ナイジェリアに亡命した。

　カノ会議での合意を受け暫定大統領となったのはグクーニであった。しかし,大統領の座はすぐにロル・マハマット・シュア（Lol Mahamat Choua, 以下「ロル」）に明け渡された。ロルはチャド湖東岸のボル出身のカネムブで,チャド解放人民運動（Mouvement Populaire de Libération du Tchad, MPLT）を率いていた人物である。ロルが暫定国家元首に選ばれた理由には,南部諸民族への配慮があった。ハブレやグクーニといった急進的な北部出身者が表に立つと,南部人からの反発が激化するであろうと危惧されたからである。しかし,ロルを選んだのもグクーニとハブレであった。

　1979年8月,交渉の場はナイジェリアの北部都市カノから首都ラゴスに移された。その結果,以下の3点について合意がなされた。

① 紛争の即時停戦
② 18ヵ月を期限とする暫定政府の再樹立
③ 交渉に参加した11勢力の代表の暫定政府への入閣

会議終了後，グクーニが暫定政府の大統領に返り咲いた。ロル政権ではチャドの混乱を軽減させることは不可能であったからである。

(2) チャドの割拠状態

しかし，グクーニもチャド混乱を止めることができなかった。むしろ，混乱は激化していった。グクーニの統治が及んだ範囲は，北部のFAP支配地域とンジャメナの一部のみであった。暫定政府に参加した諸勢力は，閣僚としてGUNT政権に参加したものの，それぞれの部隊を使ってそれぞれの本拠地を支配し続けた。

たとえばチャド南部を支配したのは，GUNTの副大統領となったワデル・アブデルカデル・カムゲ（Wadel Abdelkader Kamougué，以下「カムゲ」）であった。カムゲはキリスト教が卓越するチャド南部に分布する民族，サラの出身であるがイスラーム化した軍人である。トムバルバイ暗殺に参加し，マルーム政権時代に外務大臣を務めたカムゲは，GUNT政権において副大統領に指名された。

しかし，カムゲは，グクーニ大統領を補佐することもなく，南部の都市ムンドゥを本拠に，チャド南部を半ば独立状態にして支配した。

(3) グクーニ軍とハブレ軍の戦闘

グクーニのFAPとハブレのFANの戦闘がはじまったのはGUNT樹立直後のことであった。戦闘期間は1980年3月から12月までの9ヵ月間に及んだ。グクーニ側の兵力は1万人，ハブレ側の兵力は7,000人であった。戦闘による死亡者は3,000人，負傷者は5,000人，双方の捕虜は合計2,300人に達した。この戦闘によって当時のンジャメナ住民の3分の1にあたる10万人

が対岸のカメルーンに，1万5,000人がナイジェリアに避難する事態に陥った。

　FAPとFANの戦闘が交わされている最中の1980年6月，友好同盟協定（Traité d'Amitié et d'Alliance）がグクーニとカダフィとの間で調印された。これを受け，同年9月にリビア軍がFAPの援軍としてンジャメナに来襲した。リビアの援軍によって，グクーニのFAPがハブレとの戦闘に勝利した。ハブレはンジャメナから敗走した。

　しかし，グクーニが勝利を収めた後にも，リビア軍はンジャメナに駐留し続けた。フランスとアメリカによる撤退要請を受け入れたリビア軍がンジャメナから撤退したのは1981年2月であった。

3　ハブレの独裁政権

(1) ハブレによるンジャメナ奪還

　グクーニに追い払われスーダン国境付近にまで退却したハブレは，ただちにグクーニへの反撃準備をはじめた。この時点で，FANの軍勢は2,000人以下にまで減っていた。

　スーダン国境に潜むFANに対するリビアの執拗な攻撃が続いた。だが，リビアの攻撃は次第に沈静化した。その理由は，スーダン政府がハブレへの支援を強化し，リビア攻撃の準備をしはじめたことによる。

　さらにハブレはスーダンに加えて，リビアと対立するエジプト，アメリカからも支援を取りつけることに成功した。戦力が増強されたFANはチャド東部の主要都市を支配下に収め，その支配地域は漸次チャド西部に広がっていった。

　FANがンジャメナを攻撃したのは1982年6月であった。グクーニはカメルーンを経由しアルジェリアに脱出した。ハブレはただちに暫定政権を組織すると同時に，まだ未支配地域であったチャド南部へと侵攻した。ハブレによる政権掌握後，FANは正規軍化され，チャド国民軍（Forces Armées Nationale Tchadiennes, 以下「FANT」）となった。

(2) ハブレ政権の課題

ハブレがチャドの大統領に正式就任したのは1982年10月であった。政権の座についたハブレが直面した問題は権力基盤の安定をはかることであった。ハブレがとった具体的な方策は以下の3点であった。

① 諸外国からの支援の取りつけ
② 国内統治の強化
③ チャド諸勢力との和平

第1の方策として，ハブレは7ヵ国からの支持を取りつけることができた。その7ヵ国とは，アメリカ，フランス，エジプト，モロッコ，ガボン，スーダン，ザイールであった。アメリカとエジプトはハブレの首都奪還に際して武器の支援をすでにおこなっていた。フランスとザイールは，後に起こるマンタ作戦においてハブレを支援することになる。

第2の方策である，ハブレの国内統治強化は，初代大統領トムバルバイがとった方法と同様に独裁的なものであった。ハブレ政権下では，独立と革命のための国民連合（Union National pour l'Indépendence et la Révolution, 以下「UNIR」）が唯一の合法政党となった。

ハブレは政府批判に対して建前上寛容な態度を示したが，実際は敵対者の取り締まり体制を強化した。ハブレが設立した治安組織，資料・安全部（Direction de la Documentation et de la Sécurité, DDS）の任務は，チャド国内の村落から海外の在外公館にまで張り巡らされた諜報網によって，敵対者を探りだすことにあった。さらに，迅速出動特別部隊（Brigade Spéciale d'Intervention Rapide, BSIR）が設立され，ハブレの敵対者に対する，逮捕，拉致，拷問がおこなわれた。これらの治安組織にかかわった者の多くは，ハブレの出身民族であるダザ（ゴラン）であった。

第3の方策である，チャド諸勢力との和平構築プロセスも，表面上のものにすぎなかった。アフリカ連合を巻き込んだ和平会議が，エチオピアの首都

アジスアベバ，コンゴの首都ブラザ・ヴィル，ガボンの首都リーブル・ヴィルにおいて開かれたにもかかわらず，国内諸勢力との和平は達成されなかった。実際，これらの和平会議が開かれている間にも，コドス（Codos）と呼ばれた反政府部隊がチャド南部，西部において政府組織への攻撃を活発化させていった。

(3) チャド北部の攻防

ハブレに追われ，拠点をアルジェリアからリビアに移したグクーニは，1983年7月チャド北部の攻撃を開始した。グクーニが自らの政治権力の正統性を主張するために名乗った部隊名はGUNT軍であった。GUNT軍は，ハブレの故郷である北部のオアシス都市ファヤ・ラルジョウ，チャド東部の都市アベシェの占領に成功した。

グクーニの軍事活動を支援したのはやはりリビアであった。

リビアと敵対するフランスは，ハブレから要請された，対リビア・グクーニ軍事支援を受け入れた。この時フランス軍がおこなったのがマンタ作戦（Opération Manta）であった。この作戦の目標は，3,000人のフランス兵を投入し，北緯15度を最終防衛ラインとして，GUNT・リビア連合軍を北緯16度にまで押し上げることにあった。ザイールもこの軍事作戦に協調して派兵した。アメリカもこの軍事行動を支持した。1年間続いた軍事対立の末，リビアは1984年9月にアオズからの撤退を表明した。しかしリビア軍は北緯16度ラインからは撤退したが，領有を主張するアオズ地域には依然として駐留し続けた（図7-1）。

GUNT軍とリビア軍は，1985年10月に再び南下を開始する。ハブレからの支援再要請を受け，フランスは再び軍事行動を起こす。この作戦はハイタカ作戦（Opération Epervier）と名づけられた。ハイタカ作戦では最終防衛ラインをマンタ作戦よりも北の北緯16度に設定した。1年に及ぶ戦闘の末，1987年9月，フランスとリビアの間で停戦協定が結ばれ，リビアは再度チャド北部から撤退した。しかし，リビア軍はこの後もアオズ地域に駐留し続け

た。リビアが国際司法裁判所の裁定を受け入れ，アオズ地域から撤退したのは，1994年2月であった。

フランス軍による2度の支援を得て，ハブレはアベシェ，ファヤ・ラルジョウといったチャド北部および東部の主要都市を再度支配下に置くことができた。

グクーニおよびリビアとの戦闘を収束させたハブレの課題は，チャド国内の反政府勢力掃討であった。しかし，政権内部からハブレへの謀反者が続出した。その1人，次期大統領となるイドリス・デビ（以下「デビ」）もハブレの腹心であった。

第4節　デビの長期政権

1　デビの政権掌握

ハブレに代わって大統領の座についたのは，チャド北東部出身のデビであった。

デビはチャド北東に位置するエネディ県ベルドバで1952年に生まれた。デビの出身民族であるザガワはチャドからスーダンにまたがって分布する牧畜民である。

軍人を志したデビは，ンジャメナの士官学校在籍中に，フランスに派遣されパイロットの資格を得た。1979年にチャドに戻ったデビが選んだのは，マルーム大統領の正規軍ではなく，ハブレ率いるFANであった。ハブレ政権下において正規軍化されたFANTで，デビは参謀長にまで昇進した。ハブレ政権唯一の合法政党であるUNIRの顧問にもなり，デビはハブレ政権の最重要人物の1人となった。

しかし，デビの地位が高まるにつれ，ハブレのデビに対する警戒は強まった。

1989年4月1日に起きたクーデター未遂事件の首謀者として，デビは，ハブレ政権からの粛清対象とされた。スーダンへの脱出に成功したデビが組織したのが愛国救済運動（Mouvement Patriotique de Salut, 以下「MPS」）で

ある。MPSの中心的民族はザガワとハジェライであった。ハジェライはチャド中央部に分布する農耕民であるが，初代大統領トムバルバイ時代から反政府傾向が強く，ハブレからも激しく敵対視されていた。デビのMPSはスーダンとリビアによる支援を受け，ハブレ政権の転覆の準備を進めた。

1990年12月1日，デビが率いるMPSは，首都ンジャメナを制圧した。スーダンの拠点出発後2週間という短い期間のうちにハブレ政権を転覆させることに成功したのである。

デビの進攻に対してハブレの政府軍であるFANTが激しく応戦することはなく，ハブレ自身はセネガルに亡命した[4]。デビは直ちに大統領宣言をおこなった。マンタ作戦，ハイタカ作戦と2度に渡ってハブレ体制を救ったフランスも，もはや独裁者とみなされたハブレに支援を与えることはなかった。

デビが短期間にチャドの実権を握ることができた要因は，長い軍歴の中で戦略術に長けてきたことにある。行政官出身のグクーニとハブレの軍歴は，FROLINATに入隊してからはじまったもので，軍事という点では決して専門家ではなかったのである。

2　チャドの民主化

デビ政権は独立後のチャド政治史上，最長政権となった。その要因は2つある。

第1は，歴代政権が維持してきた一党独裁体制から多党制に移行し，選挙を実施したことである。これによって諸外国からの支持を得ることができ，デビ政権の正統性が強まった。

デビは政権に着いた直後，政治の民主化を内外に対して公約した。デビが公約した民主化とは，国政における多党制の導入と選挙の実施であった。選挙の実現に先立ち，1993年には国民最高会議（Conference National Souveraine）

4　セネガル亡命後のハブレに対しては，民族浄化，人権侵害，戦争犯罪の罪で国際法廷への送致が2006年に決定した。セネガル政府はこの送致決定を受諾したものの，ハブレの送致は2014年8月の時点では，まだおこなわれていない。

がおこなわれたが、これに参加した政党は 30 を超えた。

　任期を 5 年とする大統領の選挙は 1996 年、2001 年、2006 年、2011 年、2016 年に実施された。国民議会選挙も、1997 年、2002 年、2011 年におこなわれた。一連の選挙において、反政府勢力からボイコット運動、一部の政党から選挙結果への疑義が選挙監視団に提出されたが、フランス、チャド近隣諸国、チャドの専門家からなる選挙監視団からは、おおむね正当であるとの見解が示された。

　多党制への移行にともない、かつての反政府軍事活動組織が、政党政治活動に転換した例もある。マルーム政権時代には外務大臣、GUNT 時代には副大統領になったものの、チャド南部を軍事力で支配したカムゲである。カムゲは政治政党、刷新と民主主義のための連合（Union pour le Renouveau et la Démocratie, URD）の代表として 1996 年の大統領選挙に立候補した。大統領選では次点で敗れたが、翌 97 年の国民議会議員に当選し、デビ政権下において国民議会議長、国防大臣を務めた。

3　デビ政権に対する反政府活動

　チャド独立以来、もっとも長期となるデビ政権であるが、その基盤は盤石というわけではない。多数の反政府勢力が武力によってデビ政権の転覆を企ててきた。

　デビ政権発足当時、反政府活動を活発化させたのは、かつての統治者グクーニやハブレの残党であった。

　デビは、体制内からの攻撃の脅威にもさらされてきた。ンジャメナ制圧時の盟友でデビ政権発足時の副大統領、ハジェライ出身のマルドゥム・バダ・アッバス（Maldoum Bada Abbas）はデビ政権転覆を企てたが、1991 年 12 月、デビ軍に殺された。

　デビの出身民族であるザガワ内部からも反デビ運動が生まれた。デビ大統領就任直後の 1992 年、かつてデビの側近であったアッバス・コティ（Abbas Koty, 以下「コティ」）によって、反政府武装組織である国家再建委員会（Comité

National de Redressement, CNR) が結成された。コティはスーダンとカメルーンとに部隊を分駐させて反政府武装活動を続けた。しかしコティもデビの命令を受けたチャド軍によって 1993 年 10 月に殺された。

　デビ政権最大の危機は，2006 年と 2008 年に起こった反政府勢力による首都ンジャメナ攻撃であった。

　2006 年にチャド - スーダン国境付近を拠点としていた 3 つの反政府勢力が共闘してンジャメナの大統領府を襲撃した。3 つの反政府組織とは，民主主義と発展のための連合軍（Union de Forces pour la Démocratie et le Développement, 以下「UFDD」），民主化のための連合戦線（Front Uni pour le Changement Démocratique, FUC），民主連合軍 - チャド国民融和連合（Rassemblement des Forces Démocratique-Concorde Nationale Tchadienne, RAFD-CNT）である。どの勢力もデビ政権下で，かつて閣僚や官僚を経験した者によって率いられていた。

　2008 年にも反政府 3 勢力の連合軍がンジャメナに再び攻撃をしかけた。攻撃に参加した反政府武装勢力は，チャド国民調和（Concorde Nationale du Tchad, CNT），変革のための連合（Rassemblement des Forces pour le Changement, 以下「RFC」），2006 年の大統領府攻撃にも参加した UFDD であった。RFC を率いていたのは，デビの甥にあたり，かつてはデビの側近でもあったティマヌ・エルディミ（Timane Erdimi）であった。

　デビがこれらの攻撃を防御することができたのは，石油収入を武器購入に利用できたこと（第 6 章），フランスからの軍事支援を即座に得たことによる。

4　デビ政権と近隣諸国との関係

　チャドに対する近隣諸国からの紛争介入の一方で，チャドの近隣諸国に対する紛争介入も問題視される。

　スーダン政府からの支援により政権を得たデビであるが，大統領就任後スーダンとの関係は悪化した。スーダンのオマール・アル・バシル（Omar al-Bashir, 以下「バシル」）大統領は反デビ勢力支援，デビはダルフールの反バ

シル勢力支援をおこない，これを非難するという具合であった。しかし，チャドとスーダンとの関係はカタールとリビアの仲介によって 2009 年に修復された。

　デビは中央アフリカへも強く関与した。中央アフリカの大統領，アンジュ・フェリックス・パタセ（Ange-Félix Patassé, 以下「パタセ」）と対立していたフランソワ・ボジゼ（François Bozizé, 以下「ボジゼ」）が 2003 年のクーデターに成功したのは，デビからの支援によるところが大きい。しかし，それにもかかわらず，デビの支援先は反ボジゼ政府組織セレカ（Séléka）へと一転した。さらには中央アフリカ在住のチャド人保護を名目として，チャド軍を中央アフリカに駐留させた。これは，ボジゼ政権からの強い反発を招いた。セレカ幹部自身もデビからの支援を認めている（Jeune Afrique 2014）。

　デビによる中央アフリカ介入は，チャドの紛争状態と深く関係する。中央アフリカの政情安定が反デビ勢力への支援安定化につながることをデビは警戒したのである。特に中央アフリカ前大統領パタセの出身民族は，中央アフリカ北部にも分布するチャドの最大民族サラであった。つまり，デビがパタセの政敵ボジゼを支援した狙いは，パタセとチャド南部の反デビ勢力との結びつきを弱体化させることにあった。

第Ⅲ部
サーヘル内陸国チャドの砂漠化と住民生活

第8章　サハラ南縁の気候変動と砂漠化

　サハラとその南縁地帯の気候変動の特徴は，気温変動ではなく乾湿変動に現れる点にある。その乾湿変動期は地球規模の気温変動と対応してきた。すなわち，ヨーロッパ，北アメリカ，ヒマラヤなどの氷河期は，サハラおよびその南縁では乾燥期となる。反対に温暖期はサハラとその南縁の湿潤期という対応である。こうした乾湿変動の指標となるのが，サハラ砂漠域とチャド湖水域の拡大・縮小である（門村 1992）。

　1960年代末よりサーヘル・スーダン地帯がみまわれてきた干ばつは，長期タイムスケールでみた場合，こうした気候変動の一環とみることもできる。しかし，この干ばつはかつてないほど激しく，人間生活に大きな打撃を与えた。それゆえ近年の激しい干ばつは，砂漠化問題として関心を集めるようになった。しかし，一般的な砂漠化認識には問題がある。それは一言でいえば地域住民の軽視であった。「砂漠化は誰にとっての問題か」という問いを置き去りにしたまま，砂漠化地域の人間は，砂漠化の要因でもあり，被害者でもあるとされてきたのである。

第1節　サハラとサハラ南縁の気候変動

1　2万年スケールの気候変動

　2万〜1万年前に訪れた最後の氷河期と連動して，アフリカ大陸は大乾燥

にみまわれた。この時期サハラ砂漠は大きく拡大し，現在のサーヘル・スーダン帯はサハラ砂漠の一部となった。チャド湖も干上がり，熱帯雨林域は縮小した。

1万～8000年前のアフリカは大湿潤期にみまわれた。大量の降雨によってサハラは植生に覆われ，河川には大型魚類が棲みついていた。これを「緑のサハラ」の時代と呼ぶ。

しかし，7500～7000年前の間の短い期間に激しい乾燥期が訪れた。「緑のサハラ」は再び砂漠となった。

続く7000～5000年前の間に，サハラとその南縁は再び湿潤期間に入った。以降，4500年前頃の小乾燥期，3500～3000年前の小湿潤期を経て，現在に向かう乾燥化が進行した。

この長期スケールでの乾湿変動の間，チャド湖水位の変動範囲は40mにも及んだという（門村 1991）。

2 1000年スケールの気候変動

堆積物分析や花粉化石の炭素年代測定によって，1000年スケールでのチャド湖水位変動が解明され，チャド盆地の乾湿傾向の変化が明らかになった（Maley 1981）。1000年のスケールでみた場合，チャド湖水位は，最大7mの高低差で増減を繰り返してきた（図8-1）。

顕著な湿潤期は2回ある。第1は12世紀半ば，第2は17世紀であった。これらの時期のチャド湖水位は海抜286mレベルに達し，過去1000年間の平均水位である282mより4mも高かった。

しかし，15～16世紀半ば，および18世紀以降は変動を繰り返しながらもチャド湖水位は低下し，チャド盆地は乾燥化していった。これらの時期の水位は高くても284mであった。

3 200年スケールの気候変動

18世紀以降のチャド湖水位をもう少し詳しく追ってみよう（図8-2）。

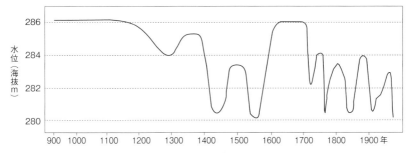

図 8-1　1000 年スケールのチャド湖の水位変動
出典）Maley（1993: 161）.

図 8-2　200 年スケールのチャド湖の水位変動
出典）門村（1991: 69）。

　19 世紀末まで，283 〜 284m レベルの比較的高水位を保っていたチャド湖は，19 世紀末から 20 世紀初頭にかけて 280m レベルにまで急激に低下した。その後，282m レベルまで水位はいったん上昇するが，1913 年から 14 年にかけて再度 280m まで急下降する。

　1920 年以降には，チャド湖水位は若干の回復傾向を示し，281m から 282m 付近を上下した。1950 年代から 1960 年代初頭のチャド湖水位は，1800 年代後半と同水準の 283m レベルに再び上昇したが持続せず，1963 年の 283m をピークに，チャド湖水位は急下降をはじめる。

　1970 年代になると，チャド湖水位は 278m レベルまで下がり，チャド盆

地の気候は1990年代初頭まで続く激しい干ばつ期に入った。しかし、1994年以降それまでの乾燥化傾向は一変した。干ばつと多雨が数年周期で交互に現れるようになったのである。この激しい降雨変動傾向は「極端気候」とも呼ばれる（吉野 2013）。

第2節　砂漠化問題の歴史

1　砂漠化問題の端緒

サーヘル・スーダン地帯において、1960年代後半より続いた干ばつは、地域住民に多大な被害をもたらした。この問題に対処することを目的として、1977年には国連環境計画（United Nations Environment Program, UNEP）が主催の国連砂漠化防止会議（United Nations Conference on Desertification, UNCOD）が開かれ、砂漠化は地球規模の新しい環境問題として一般に知られるようになった。しかし、砂漠化問題の端緒は1920年代までさかのぼる。

フランスの気候学者ユベール（Hubert 1920）が、サハラ砂漠南縁地域が降雨量の連続的減少によって乾燥化が進行していると指摘したことが、砂漠化に関する議論のはじまりである。しかし、これに対しては、シュドウによって、「雨量の減少は西アフリカがちょうど乾燥サイクルの最中であったことが原因であり、乾燥化の進行は不可逆的なものではない」（Chudeau 1921: 368-369）という反論が即座になされた。実際1920年代から40年代までの西アフリカは湿潤傾向が続き、砂漠化に関する報告はみられなかった（門村 1991）。

2　「広義の砂漠化」と「狭義の砂漠化」

現在、砂漠化という語は広く知られるようになったが、「砂漠が拡大して、居住地や耕地を砂で覆いつくしてしまう」という砂漠化のイメージがいまだに支配的である。砂漠化をめぐる定義については多くの議論があり、定義をめぐる混乱もある。それは砂漠化が存在しない西洋の語彙体系の中で砂漠化を考え、これをまた日本でも日本語の語彙体系の中で理解しようとしてきた

ことにも由来する。「砂漠」に該当する「désert」とは，必ずしもいわゆる砂漠を指すのではない。「désert」とは乾燥地や湿潤地を問わず，荒廃した土地を意味する。むしろ，かつて湿潤森林地帯が広がっていたヨーロッパにおいては，その湿潤森林地帯が失われた後の荒廃した土地を意味した。このことより，1949年，1959年以来提起されている2つの砂漠化概念，「広義の砂漠化」と「狭義の砂漠化」をはっきり区別する必要がある。

「広義の砂漠化」と「狭義の砂漠化」は，以下のように要約できる。

① 「広義の砂漠化」desertification（英語），désertification（フランス語）
植物生態学者，地理学者のオウブレヴィルは1949年の著作の中で，「désertification」というフランス語をはじめて使用した。オウブレヴィルは「désertification」を土地荒廃という広い意味で使っており，「土地荒廃」には，乾燥地であるサヴァンナ・ステップの土地荒廃としての砂漠化と，湿潤‐半湿潤森林の土地荒廃としての「サヴァンナ化」が含まれる。そしてオウブレヴィルは特に森林開墾によって引き起こされる後者の「サヴァンナ化」としての土地荒廃に注目し，「désertification」を「砂漠の拡大によってではなく，誤った人間活動によって引き起こされる」現象としてとらえ，人間活動の影響を強調した（Aubréville 1949: 343-345）。これを「広義の砂漠化」と呼ぶ。

② 「狭義の砂漠化」desertization（英語），désertisation（フランス語）
フランスの生態学者ル・ウエル（1976）は，「砂漠周辺の半乾燥地域で植被が不可逆的に減少することにより，最近までそれがみられなかった地域に，砂漠の景観と地形が拡大していく現象」（Le Houérou 1976: 158）という「狭義の砂漠化」の意味で「désertisation」というフランス語を用いた。

この「狭義の砂漠化」が広くイメージされている砂漠化であるが，現在，砂漠化を指す一般的な語は，「désertisation」ではなく「désertification」が使われている。

いずれにせよ，砂漠化概念をめぐる議論は，その出発点から，生態学的，気候学，自然地理学的立場からの乾燥化，土地荒廃あるいは砂漠景観・地形の拡大などを問題にしていた。こうした視点は現在の砂漠化定義にも基本的に継承されている。しかし，砂漠化に対する認識には，少しずつ変更が加えられていった。砂漠化を単なる自然現象としてとらえるのではなく，砂漠化プロセスにおける人為的要因を重視する方向にかわってきたのである。それは砂漠化における人間活動への注目が高まっていったことを示す。

3 砂漠化定義の変遷

先に記した2つの砂漠化定義のうち，国際社会が採択したのは「広義の砂漠化」，すなわち désertification のほうであった。

砂漠化問題が国際的な関心を広く集めた契機は，1972〜73年のアフリカの大干ばつであった。高まる関心に応えて，1977年にはケニアの首都ナイロビにおいて，国連砂漠化防止会議が開催された。この会議で採択された砂漠化（désertification）の定義は，「土地が持つ生物生産力の減退ないし破壊であり，終局的には砂漠のような状態をもたらす」というものであった（United Nations 1977: 3）。この国連砂漠化防止会議では「砂漠化防止行動計画 Plan of Action to Combat Desertification」が採択され，以来多くの砂漠化対策が実施されてきた。しかし，めざましい成果をあげるには至らず，砂漠化対処のための新たな国際条約の制定が求められるようになった。

1992年にブラジルのリオ・デ・ジャネイロでおこなわれた国連環境開発会議（地球サミット）では「乾燥・半乾燥および乾燥半湿潤地域におけるさまざまな要因（気候変動を含む）に起因する土地の劣化」と再定義された（United Nations 1992）。

こうした過程を経て1994年に採択されたのが，「国連砂漠化対処条約（正式名称は，『深刻な干ばつ又は砂漠化に直面する国（特にアフリカの国）における砂漠化対処のための国際連合条約 United Nations Convention to Combat Desertification in those Countries Experiencing Serious Drought and/or

Desertification, Particularly in Africa』)」である。この砂漠化対処条約では砂漠化を次のように定義した。

> 乾燥地域，半乾燥地域および乾燥半湿潤地域における種々の要因（気候の変動および人間活動を含む）による土地の劣化（UNCCD 1997）。

　この国連砂漠化対処条約では，自然荒廃としての砂漠化より，砂漠化による住民の生活の荒廃，貧困化が注目されるようになった。さらにこの条約では，砂漠化対策における住民参加やNGOの役割，砂漠化の社会経済的影響への対処が重視されている。このことは，条約の前文に明記されている（UNCCD 1997: 5）。チャドはこの条約を1996年に批准し，日本政府は1998年に批准した。2015年時点において，この条約の批准国は194ヵ国とEUである。

4　砂漠化の一般的理解とその問題点

　図8-3は一般的な砂漠化の理解を示す。ここでは人為的要因として以下の3点が問題視されてきた。

① 　農耕民が耕作面積を増大させ，焼畑移動耕作の休閑期間を減少させる「過耕作」
② 　牧畜民が家畜保有頭数を増加させる「過放牧」
③ 　燃料需要の増加にともなう薪炭材の「過伐採」

　こうした人為的要因によって砂漠化が進行し，それがさらに以下の結果を引き起こすとされた。

① 　食糧生産基盤の悪化
② 　貧困の加速

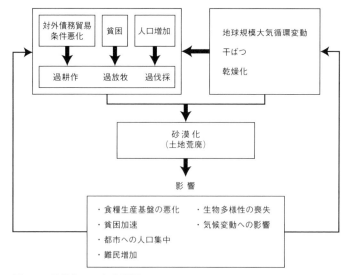

図 8-3 砂漠化の一般的理解
出典）砂漠化防止対策総合検討会（1996: 5）。

③ 都市への人口集中
④ 難民の増加
⑤ 生物多様性の喪失
⑥ 気候変動への影響

　これらの結果が再び砂漠化の要因となって，砂漠化のプロセスにますます拍車をかける，というのが砂漠化に関する一般的理解である。ここで強調された点は，「過度」の人間活動と砂漠化の「悪循環」であった。
　しかしここで問題となるのは，砂漠化の人為的要因として砂漠化地域で長い時間をかけて培われてきた，人間の生業と生活があげられたことである。元来，乾燥地でおこなわれてきた農業，牧畜は脆弱な土壌とバランスを保つような仕組みを内包していた。砂漠化の一般的理解において，地域の在来知

を生かす方向を示さず，一方的に否定するにとどまったことは乾燥地の人間生活全般への否定へと結びついてしまう。

第3節　砂漠化対処の変遷

1　植林を中心とした砂漠化対処の失敗

　1970年代から80年代にかけて実施された植林を中心とした砂漠化対策は，十分に成功を収めたとは評価されなかった（門村1992）。
　その要因は以下の2点にある。
　第1は，いわゆるボトムアップアプローチの欠如である。つまり過去になされた砂漠化対策は，土着の技術や社会を無視し，住民の存在を十分に考慮にいれず，「上からの押しつけ」によってなされたことである。
　第2は，人間生活の軽視である。過去の砂漠化対策は，図8-3に示された影響の中でも，自然科学的影響，つまり「生物多様性の喪失」「気候変動による影響」の解消を主眼に置き，実際の活動面では植林事業が中心であった。そこでは人間生活への影響が軽視された。このことは砂漠化が自然科学的な概念としてとらえられたことに起因する。
　その後，それまでの砂漠化対策の失敗を教訓として，砂漠化の社会経済的側面が重要視されるようになった（たとえば川鍋他1995）。その結果1990年代の砂漠化対処においては，住民の生活改善を中心に据えた対策が重視されるようになった。

2　アフリカ自身による砂漠化対処活動

　サーヘル地域の砂漠化に対するアフリカ主導の取り組みは，1970年代初頭からすでにはじまっていた。
　1973年には，サーヘル干ばつ対策政府間常置委員会（Comité permanent Inter-Etats de Lutte contre la Sécheresse dans le Sahel，以下「CILSS」）が創設された。その本部はブルキナファソの首都ワガドグに置かれた。現在の加盟

国数は9ヵ国（カーボ・ベルデ，ガンビア，ギニアビサオ，セネガル，チャド，ニジェール，ブルキナファソ，マリ，モーリタニア）である。CILSSの活動はもともと食糧を中心とした緊急援助活動であった。しかし現在の活動分野は，水資源，農業，インフラストラクチャーの整備など多様化している。

　砂漠化対処条約で，人間生活への影響の重視と並んで強調されている点は，NGOの重要性である。条文では砂漠化の社会的影響の重視に加えてNGOの重要性が明記された。

　砂漠化対処にかかわるアフリカNGOの代表としてあげられるのは，第三世界の環境と開発（Environnement et Développment du Titers-monde，以下「Enda-TM」）である。Enda-TMは本部をセネガルの首都ダカールに置く西アフリカ最大のNGOである。その活動地域はアフリカにとどまらず，ラテンアメリカやアジアにも広げられている。Enda-TMは現場レベルでの砂漠化対処活動もおこないつつ，砂漠化に関するNGO国際ネットワーク（Réseau International d'ONG sur la Désertification, RIOD）の西アフリカフォーカルポイント（連絡担当団体）としての役割も負っている。

3　日本の政府開発援助による砂漠化対処活動

　日本の政府開発援助（Official Development Assistance，以下「ODA」），NGOによる砂漠化対処活動がはじまったのは，アフリカ諸国，欧米諸国よりも遅れて1990年代前後のことであった。アフリカ，サハラ南縁地域におけるODA事業としては，「緑の推進協力プロジェクト」と，「サヘルグリーンベルト計画」があった。「緑の推進協力プロジェクト」は，セネガルおよびニジェールへ青年海外協力隊を派遣する事業であった。「サヘルグリーンベルト計画」とは，地下ダムを建設し地下に蓄積された水を太陽光エネルギーによってくみ上げ，灌漑用水や生活用水として利用しながらサハラを緑のベルトで囲むという雄大な計画であった。

4　日本のNGOによる砂漠化対処活動

　時を同じくして日本のNGOによる小規模な砂漠化対処活動もはじまったが，これを実践した日本のNGOはきわめて少ない。マリ国において活動する，「サヘルの森（旧サヘルの会）」と「西アフリカ農村自立協力会」「緑のサヘル」くらいであった。

　1987年に設立された「サヘルの会（現サヘルの森）」の目的は，砂漠化対処と地域住民の自立であった。1990年に活動をはじめた「西アフリカ農村自立協力会」は，砂漠化対処が目的ではないが，住民の総合的な生活改善の一環として植林などの環境整備活動をおこなった。

5　チャドにおける砂漠化対処活動

　チャドにおける砂漠化対処は，他のサーヘル諸国と比較すると遅れてはじまった。その原因は，独立後の内戦などの政治的混乱，経済の停滞による国家予算の欠乏，行政システムの実質的な崩壊などであった。

　チャド政府が砂漠化対処を内外に表明したのは，ハブレ政権時代の1982年であった。砂漠化対処計画が実際に策定されるに至ったのは1989年になってからである。それ以前にNGOなどによる植林プロジェクトは存在していた。しかし，チャドの独立以来続く内戦と政治的混乱によって，プロジェクトの多くは撤退を余儀なくされていた。長引く内戦が落ち着きはじめた1980年代半ばになって，住民に苗木を配布するために育苗センターを運営するNGOがあらわれはじめた。しかし資金不足や好転しない治安状況などにより活動は進展しなかった。特に外国籍NGOが運営，支援する育苗センターは苗木の生産規模縮小や，育苗センターの閉鎖に追い込まれる例が多かった（菅川 1996）。

　チャド以外のサーヘル諸国では1970年代に「サーヘルの緑化 Sahel Vert」計画が大々的に実施されている。現在，サーヘル諸国の都市や村落にはインドセンダン（*Azadirachta indica*）が数多く植えられ，場所によって

は鬱蒼とした森に育っている。それは「サーヘルの緑化計画」の成果である。しかし，このプロジェクトは都市や街路の緑化にとどまった。植林は原野に広がらず，食糧自給能力向上にも結びつかなかった。

　植林プロジェクトは，その実施期間が終了してしまえば，住民の関心を引きつけることはなかった。この反省から砂漠化対処は植林一辺倒ではなく，住民の生活改善を目的とするものに変化していった。これはサーヘル地域に共通の砂漠化対処の変化であった。

第9章　チャド湖南岸の住民生活と砂漠化

　気候変動が常態的であったサハラ南縁地域社会では，人々の生業，生活の中に気候変動に対する防御機構が組み込まれてきた。しかし，前章でみたように，アフリカでおこなわれてきた砂漠化への対処は，「植生の減少」に関心が集中しすぎていた。それはある意味で住民不在のプロジェクトであった。本章では，砂漠化の影響下にあるチャド南岸地域の生活と生業を明らかにし，自然環境，気候変動と人間生活の関係を考えてみたい。

第1節　チャド湖岸地域の人口分布と民族

1　多様な生業が可能なチャド湖岸地域

　チャド湖沿岸の生産条件は非常に多様である。河川，氾濫原，土地の起伏，雨量といったさまざまな条件に応じて，農業，牧畜，漁業といった多様な土地利用が可能であるからだ。湖沼と河川は，漁場ともなるし家畜の水飲み場ともなる。その沿岸では氾濫原農業が可能である。また河川と湖沼の沿岸は牧草が豊富なため，家畜の放牧適地でもある。雨季に水がたまる凹地は，漁場にもなり，氾濫原では乾季作のモロコシ，ベレベレの栽培適地でもある。微高地ではトウジンビエ，モロコシといった穀物栽培が可能だ（図9-1）。

2　チャド湖岸地域の人口分布

　チャド湖は，サハラとサーヘルの境にある。それゆえ人間が居住可能なのは基本的に東岸，南岸，西岸のみで，砂漠の一部となる北岸地域は無人地帯である（図9-2）。

　チャド湖岸地域において人口密度が高いのは，チャド湖南岸である。その人口密度は1km^{2}当たり30人以上に達する。ここにはシャリ・ロゴンヌ川が形成するヤエレ湿原が広がる。ヤエレ湿原にはゆるやかな土地の起伏もみられ，漁業，牧畜，農業といった多様な生産活動を営むことができる。そのため高い人口涵養力をもつのである。

　それに次ぐ人口密度を有するのは，南からチャド湖に流入するシャリ川デルタ地域，チャド湖西岸地域，東岸地域の3地域である。ここでもチャド湖氾濫原，河川，土地の起伏に即した多様な生業が可能だ。その人口密度は1km^{2}当たり10〜30人未満となる。

　人口密度がもっとも低い地域は，チャド湖の北岸と北東岸で1km^{2}当たりの人口密度は10人未満である。チャド湖北岸は砂漠地帯で生産活動は困難である。東岸は雨量が少ないうえに，砂丘地帯が多く農牧漁業には適さない。

3　チャド湖岸地域の民族分布

　チャド湖周囲に分布する諸民族の生業は，地域の自然条件と関係している（図9-3）。

　人口稠密地帯のチャド湖南岸には，ヤエレ湿原の土壌を利用する農耕民カヌリ（ボルヌ）と半農半牧アラブ・シュワが，シャリ川デルタには半農半漁のコトコ，半農半牧のアラブ・シュワが，チャド湖西岸地帯には農耕民カヌリ，カネムブ，その北のコマドゥ・ヨベ川流域氾濫原には，農耕民モベが，チャド湖東岸島嶼部には農業，牧畜，漁業と多様な生業を営むブドゥマとクリが分布，さらに東岸の砂丘帯に分布するのは農耕民カネムブである。ここでは砂丘を利用したトウジンビエ栽培，砂丘に挟まれた低地を利用するトウ

生業	河川・湖沼 (A)	氾濫原 (B)	微凹地 (C)	微高地 (D)
漁労	○	○	△	×
牧畜	×	○	○	○
氾濫原農業	×	△ コメ、トウモロコシ、ベレベレ(乾季作ソルガム)、ムスクワリ(乾季作ソルガム)	△ コメ、トウモロコシ、ベレベレ(乾季作ソルガム)、ムスクワリ(乾季作ソルガム)	×
天水農業	×	×	×	○ トウジンビエ、ソルガム

○=可能　△=条件次第で可能　×=不可能

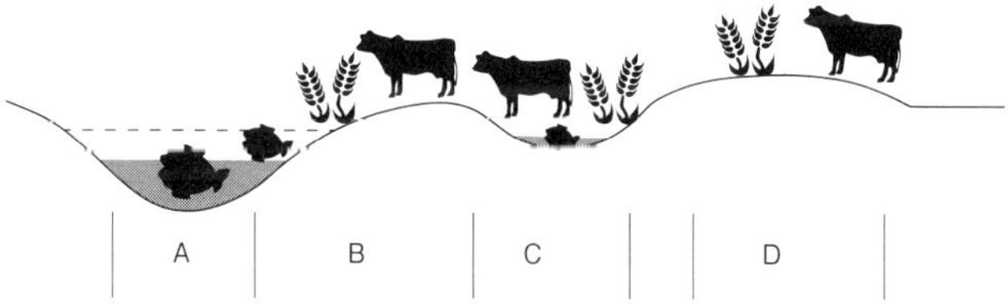

図 9-1　チャド湖岸における土地利用

図 9-2　チャド湖周囲の人口密度

出典）Bouquet（1991: 272）.

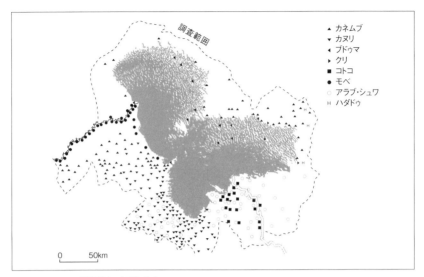

図 9-3　チャド湖周囲の民族分布
注）印1つは2,000人の人口を表す。
出典）Bouquet（1991: 414）.

モロコシとナツメヤシの栽培がおこなわれる。しかし，この地域の人口密度は10人/km^{2}以下と低い。チャド湖北岸はサハラの一部となり，ごく少数のカネムブが居住するにすぎない。

第2節　カネムブの南下とトゥルバの形成

1　チャド湖南岸の町トゥルバ

チャド湖東南岸地域には，人口およそ7,000人の町トゥルバがある（写真9-1）。

トゥルバは，その広さが南北1,200m，東西800mほどの小さな町であるが（図9-4），この地域の商業中心地である。定期市が立つ日曜日には，町は市場を中心に大勢の人で賑わい，活発な商業活動がみられる（写真9-2）。

写真9-1 トゥルバの遠景

写真9-2 トゥルバの定期市

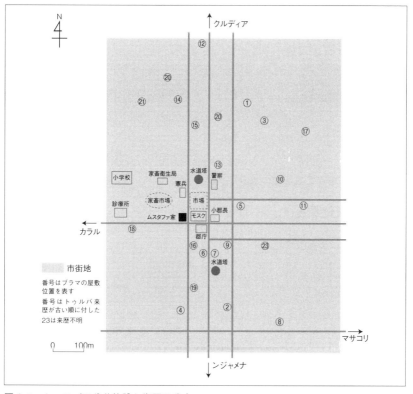

図9-4 トゥルバの公共施設と街区の分布

人口からみればトゥルバの町の大多数を占める民族はカネムブであるが，現在のスーダン国起源の牧畜民アラブ・シュワも少数ながら住む。

　トゥルバの意味は「ウシの通り道」であるが，その名が表すように，ある老人によると，かつてトゥルバ一帯は，たまにウシが通る程度で人口希薄な湿地帯であった。トゥルバが町の様相を呈しはじめたのは，最近30～40年のことである。それまでのトゥルバは，定期市こそ立ったものの，「大きな村」程度の規模であった。

　また別の老人も，「昔，トゥルバはアラブ・シュワのウシの放牧地で，人はほとんど住んでいなかった」という。

　トゥルバが位置するチャド湖南岸はサーヘル気候帯にある。年雨量は，1951年から2000年までの平均で413.2mmであった[5]。

　10年単位の降雨変動をみると，1950年代に521.9mmであった年雨量が，1960年代，70年代には400mmへと減少し，1980年代には322.7mmにまで下がった。1990年代に年雨量は再び上昇するが，降雨量の年変動が激しい。1950年代の年雨量の最大年較差は222.2mmであったが，1990年代には354.8mmにまで大きくなった（図9-5）。

　10年平均の年雨量をみると，最少の1980年代の年雨量は，最多であった1950年代の62％であった（図9-6）。

2　トゥルバの形成

(1) カネムブの社会構造

　トゥルバの町は，23の街区（フランス語でカルティエ（quartier））に区分されている。それぞれの街区には，ブラマ（*Bulama*）と呼ばれる長がいる。

　カネムブの社会構造では，カネム語でアリファ（*Alifa*）と呼ばれる最高君主の下に同じくカネム語でマイ（*Maï*）と呼ばれる複数の首長，さらにその

---

[5] トゥルバでは雨量計測がおこなわれていないため，この数値はトゥルバから60km東のマサコリの年雨量である。

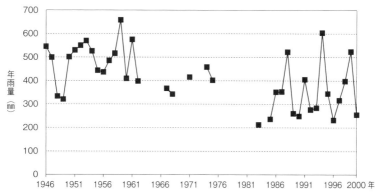

図 9-5　マサコリの年雨量の推移

出典）Beauvilain（1995: 45）より筆者作成。

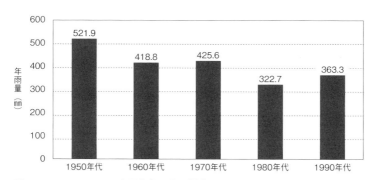

図 9-6　マサコリの 10 年平均年雨量の推移

出典）Beauvilain（1995: 45）より筆者作成。

下に多数のブラマが位置していた。アリファはチャド湖東岸のマオに王宮をもっていた。マイはチャドの現行政組織の中では，小郡長 Chef de canton（フランス語）として行政職としての地位が与えられている。

　ブラマは，現在の行政システムにおいて，村長 Chef de village（フランス語），街区長 Chef de quartier（フランス語）として，小郡長の下位に位置づけられる。多くの場合，ブラマの地位継承は世襲による。その地に最初に住

み着いた者とその子孫がブラマの役割を担うのである。

ブラマの分布をトゥルバの地図に示そう（図9-4の「〇」印）。トゥルバには23名のブラマがいる。トゥルバのブラマの民族は23名中22名がカネムブであった（①〜⑰, ⑲〜㉓）。あとの1名（⑱）はアラブ・シュワであった。トゥルバの古老が証言したように, トゥルバはもともとアラブ・シュワの分布域で, カネムブは居住していなかった。しかし, 現在の住民の大半がカネムブである。

(2) トゥルバのブラマの起源地

以下, ブラマへの聞き取り調査の結果からトゥルバの形成過程を考察する。

トゥルバのカネムブのブラマの祖先がすべて, トゥルバ外の地域からの移住者であった。

もっとも多かった起源地は, チャド湖東岸, トゥルバから北東150kmに位置するディビニンチ（Dibinintch）地域である。ディビニンチ地域は, 中心となる砂丘上の町ディビニンチと周辺の村落からなる。トゥルバの22名のカネムブのブラマのうち18名が, ディビニンチ起源であった（写真9-3,

写真9-3　砂丘上に位置するディビニンチ

表 9-1 トゥルパの起源地と来歴

カルチエ名	民族	トゥルパまでの行程	トゥルパでの年数	起源地からの年数
① サナリ	カネムブ	ディビニンチ→トゥルパ(85年)	85	85
② レテリ・カンガマ	カネムブ	ディビニンチ→トゥルパ(85年)	85	85
③ マディンケイリ	カネムブ	シグリ→トゥルパ(80年)	80	80
④ ハッサン・サナ	カネムブ	ディビニンチ→トゥルパ(80年)	80	80
⑤ カンガマ	カネムブ	ディビニンチ→トゥルパ(70〜80年)	70〜80	70〜80
⑥ ロケアリI	カネムブ	ディビニンチ→トゥルパ(79年)	79	79
⑦ ロケアリII	カネムブ	ディビニンチ→トゥルパ(79年)	79	79
⑧ ケイリ	カネムブ	ディビニンチ→ロト(10年)→トゥルパ東(7年)→トゥルパ西(2年)→トゥルパ(75年)	75	94
⑨ カヤリ	カネムブ	ディビニンチ→トゥルパ(70年)	70	70
⑩ シガジリ	カネムブ	ディビニンチ→トゥルパ東(5年)→トゥルパ西(2年)→トゥルパ(63年)	63	70
⑪ マダリ	カネムブ	ディビニンチ→トゥルパ(60年?)	60	60
⑫ マラエリ	カネムブ	ディビニンチ→トリ(21年)→トゥルパ西(20年)→トゥルパ(43年)	43	84
⑬ ソンケイリ	カネムブ	ディビニンチ→トゥルパ(40年)	40	40
⑭ ムブドゥ・ビッシリ	カネムブ	シグリ→トゥルパ北→トゥルパ(40年)	40	40
⑮ フェイリI	カネムブ	ディビニンチ→トゥルパ西(22年)→トゥルパ(40年)	40	62
⑯ ボルネディ	カネムブ	ディビニンチ→マオ(200年)→ロンド(祖父の代)→トゥルパ(40年)	40	?
⑰ カファリ	カネムブ	チャド湖東岸地方→トゥルパ西(1)(8年)→トゥルパ西(2)(2年)→トゥルパ(38年)	38	48
⑱ ノラル・フガ	アラブ・シュア	グレットゥ→トゥルパ(32年)	32	32
⑲ ハッサン・アリ	カネムブ	ディビニンチ→?→トゥルパ西(10年)→トゥルパ(30年)	30	40
⑳ アリ・ウォリリ	カネムブ	ディビニンチ→コメロス(80年)→トゥルパ(22年)	22	102
㉑ サントゥル	カネムブ	シグリ→バラジャ(40年)→グレット(?)→トゥルパ西(2年)→トゥルパ(22年)	22	64
㉒ フェイリII	カネムブ	ディビニンチ→トゥルパ西(20年)→トゥルパ(20年)計70年以上	20	70
㉓ マダリ	カネムブ	ディビニンチ→トゥルパ年代不明．祖父の代に移住	?	?

注）灰色部はディビニンチ起源の街区．

表9-1)。ディビニンチはカネムブのンギジム (Nguijim) 支族の本拠地である。

ディビニンチ地域の地形の特徴は，北西・南東方向に伸びるいくつもの砂丘とその間にはさまれた低地にある。チャド湖の増水が著しいときは，砂丘間の低地に水が流れ込み氾濫原となる。ディビニンチで栽培される中心的作物は，砂丘上でのトウジンビエ，砂丘間氾濫原でのトウモロコシとナツメヤシである。

(3) ディビニンチからトゥルバへの移住時期

ディビニンチを発ったブラマの祖先たちが，トゥルバに居を定めた時期は，古くは1920年頃で，最近では1980年代であった。しかし，トゥルバ一帯にいたるまで，数ヵ所に居住した祖先もいた（街区⑧，街区⑯，街区⑳）。またディビニンチを発って，直接トゥルバ一帯に移住した者でも，トゥルバ周辺で数回にわたって居住地を移動させた場合もあった（街区⑩，街区⑫，街区⑮，街区㉒）。

トゥルバへの来歴が明確な16名のブラマの祖先が，ディビニンチを去った時期は1900～1960年代の間であった。

3 トゥルバ周辺村落の形成

トゥルバ周辺の村落にもディビニンチからの移住者が多くいる。

トゥルバ周辺には，10～100世帯規模の村落が点在する（図9-7）。トゥルバから半径およそ10～15km内に位置する32村落を訪ね，村落のブラマに対して村落の移住史に関する聞き取り調査をおこなった（表9-2）。

32村落のうち，29はカネムブの村落であった。その他の3村落（トゥルバ西方のノワル，マクスル，南西のグレットゥ）はアラブ・シュワの村落であった。なお表9-2中には記載されていないが，トゥルバ北西14kmに位置するハッサバラリは，カネムブ，アラブ・シュワ，コトコが混在する多民族村落であった。ハッサバラリが3つの民族からなる理由は，トゥルバへの薪炭の供給地であることによる。薪炭生産を目的として移住した者が村落を形成し

表 9-2　トゥルバ周辺村落とブラマの来歴

	村落名	民族	現在地まで行程	現在地での年数	起源地からの年数
	東・南方面				
①	マラエリ	カネムブ	ディビニンチ→現在地(40年)	40	40
②	アンガシル	カネムブ	ディビニンチ→南(?年)-東(?年)→現在地(80年)	80	80+
③	アタシャネⅠ	カネムブ	アンガシル付近→現在地(38年)	38	40
④	アタシャネⅢ	カネムブ	ディビニンチ→不明(60年)→現在地(40年)	40	100
⑤	ビルケレラⅡ	カネムブ	ディビニンチ→バル(30年)→現在地(65年)	65	95
⑥	ビルケレラⅠ	カネムブ	ディビニンチ→南西→西→現在地(70年)	70	70+
⑦	ビルケレラ・ガリアリ	カネムブ	ディビニンチ→現在地(50年)	50	50
⑧	ケリ・キチ	カネムブ	ボルサリア→南(5年)→現在地(50年)	5	55
⑨	ディレマⅠ	カネムブ	ングラ→ビルケレラ(50年)→現在地(40年)	40	90
⑩	ディレマⅡ	カネムブ		?	?
⑪	ブーチャム	カネムブ	クドゥンコナ→現在地(97年)	97	97
⑫	タマダイ	カネムブ	ディビニンチ→不明(?年)→現在地　計54年	54	54+
	西方面				
⑬	ノワル	アラブ・シュワ	現在地の12km北→現在地(46年)	46	46
⑭	マクスル	アラブ・シュワ	現在地から北東へ徒歩25分の場所→現在地(45年)	45	45
⑮	トリ・ケレレ	カネムブ	ディビニンチ→現在地(100年)	100	100
⑯	トリ・アリリ	カネムブ	ディビニンチ→マデム(?年)→現在地(?年)　計56年	?	56
⑰	トリ・マルドリ	カネムブ	ディビニンチ→現在地(60年)	60	60
⑱	トリ・キヤコリⅠ	カネムブ	ディビニンチ→アマリ(?年)→現在地(60年)	60	60+
⑲	トリ・キヤコリⅡ	カネムブ	ディビニンチ→不明(55年)→現在地(30年)	30	85
	北方面				
⑳	ウォレ・ジャラル	カネムブ	ディビニンチ(バリ)→不明(74年)→現在地(26年)	100	100
㉑	ウォレ	カネムブ	アラユロ→現在地(150年)	150	150
㉒	ウォレ・ケルマ	カネムブ	ベサ→不明(100年以上)→現在地30年	30	130
㉓	ウォレⅠ	カネムブ	西(?年)→東(35〜45年)→現在地(34年)	34	69〜79
㉔	ウォレ・アボルティ	カネムブ	ディビニンチ→不明(50年〜60年)→現在地(50年)	50	100〜110
㉕	ウォレ・コラ	カネムブ	東→現在地(100年)	100	100
㉖	アボルティ・マルサンデリ	カネムブ	アボルティ→現在地(23年)	23	23
㉗	ウォレ・ディフィリ	カネムブ	ジョロ→ウォレ・カビル(?年)→西(22年)→現在地(33年)	33	33+
㉘	マドラリ	カネムブ	バラジャ→アレア(30年)→南(25年)→現在地(35年)	35	90
㉙	ムサファティリ	カネムブ	バリ・コロム(ングリ)→南(40年)→現在地(60年)	60	100
	南西方面				
㉚	グレットゥ	アラブ・シュワ	北→現在地(40年)	40	40
	北西方面				
㉛	ファンタ	カネムブ	ダルカヤ(ドゥムドゥム)→現在地(76年)	76	76
㉜	フォデ	カネムブ	ブトゥロム→ニベク(80年以上)→現在地(14年)	14	94+

注）灰色部分はディビニンチ起源の村落。

図9-7 トゥルバ周辺の村落

出典）地形はPias（1970）より筆者作成。

たからである。

　聞き取りの結果，トゥルバ同様すべてのカネムブ村落が他所からの移住であった。その起源地は，マオ地方，ングリ地方，ディビニンチ地方，マサコリ地方とさまざまであった。これらはすべてチャド湖東岸地域である。

　さらに29のカネムブ村落のうち，およそ半数の14村落がディビニンチ起源であることが明らかになった。

　この14村落のうち，ブラマの祖先がディビニンチを去った後，現在地に直接到達した例は4例（村落①，村落⑦，村落⑮，村落⑰）のみで，他の10例は他地域に居住した後，トゥルバ地域に居を定めた。

　ディビニンチ起源の14村落のうち，9村落（村落①，村落④，村落⑤，村落⑦，村落⑮，村落⑰，村落⑲，村落⑳，村落㉔）において，ディビニンチか

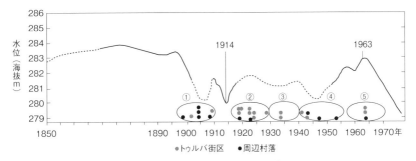

図 9-8　ディビニンチからの離村年代とチャド湖の水位変動
出典）チャド湖水位変動は門村（1991: 69）。

ら現在地に至るまでのある程度詳しい経路と年数に関する伝承が残っていた。そのうちもっとも古い例は19世紀末から20世紀初頭（村落④，村落㉔），もっとも新しい例では1963年あたりにディビニンチを発ったことがわかった（村落①）。

4　移住の環境要因と歴史社会的要因

(1) ディビニンチからの離村時期

合計55に及ぶトゥルバ街区・周辺村落のうち，カネムブが居住するものは46街区・村落であり，そのうち32名のブラマの起源地がディビニンチであった。始祖がディビニンチを離れた時期を明確に記憶していた例は25街区・村落であった。

この25街区・村落のうち，ディビニンチからの移住時期がもっとも早かったのは，村落㉔で1890年代末であった。また，もっとも遅いのは街区⑬，街区⑲，村落①で，その時期は1960年代前半であった。以下ディビニンチを去った時期を，5つの時期に区分して考察をおこなう。

図9-8はチャド湖の水位変動とディビニンチからの離村時期を表している。これらを5つのまとまりに分けてみよう。

① 1890年代後期から1910年（7例）
② 1910年代後期と1920年代（10例）
③ 1930年代（2例）
④ 1940年代から1950年代前期（5例）
⑤ 1963年（3例）

上記5つの移住時期のうち件数が多いのは，①と②の7例と10例で，全体の6割を占める。③から⑤までは2例，5例，3例とそれ以前に比べると件数が少なかった。

(2) 干ばつと移住

チャド湖水位変動は，チャド盆地の乾湿状況とおおまかに対応する。チャド盆地の乾湿状況とディビニンチからの離村時期を重ねあわせてみると，第1波の移住は，チャド湖水位が281m付近の低レベルになった1900年前後になされた。特に水位が激しく落ち込む①の時期と，②前半にディビニンチ離村が集中する。

ディビニンチの農業は，砂丘におけるトウジンビエ栽培が中心である。トウジンビエは乾燥に強く，年雨量が300mm程度あれば天水農業が可能である。しかしディビニンチの最近の平均年雨量は270mmで，トウジンビエの天水農業は困難である。ディビニンチからトゥルバへの移住は，干ばつによって農業が不可能となったことが原因でなされたものと推測できる。

実際，1903年から13年までチャドに駐留したフランス軍のラルジョー中尉は当時の手記にこう記している。

> 1913年をピークとする干ばつは，カネム，ワッダイ，バタ，シャリ低地地方の農作物を全滅させるほどであった。穀物の価格は通常の20倍以上にもなり，多くの人々は食物を探すために居住地を離れざるをえなかった。家畜を所有するものたちも，餌を確保することができず，南下せざるをえない状況

であった (Largeau 2001: 276-279)。

1930年代以降，ディビニンチからの離村は，それ以前ほど集中的には起こらなかった。しかし，チャド湖一帯は依然として乾燥傾向が続き，チャド湖水位は1950年代前半まで低い状態を保ち続けた。③，④，⑤の移住時期も干ばつと関係があることがうかがえる。

(3) 干ばつによるトゥルバの可耕地拡大

干ばつによって南下を余儀なくされたディビニンチのカネムブが，移住先をトゥルバ地域に落ち着かせた要因はやはり干ばつと深く関係する。

ディビニンチからトゥルバ一帯への移住は，可耕地を求めての移動であった。

チャド湖一帯が多雨状態にあった時，東からチャド湖に流れ込むバル・エル・ガザル川の伏流水デルタ上にあったトゥルバはチャド湖あるいはその氾濫原の一部でもあり，農業は当然不可能であった。先に記したトゥルバの古老の証言によっても，トゥルバは人口希薄な湿地帯であったことが理解できる。しかし，雨量低下の影響でチャド湖水位が低下し，湖水域は縮小した。これによってチャド湖南岸地域の可耕氾濫源が拡大した（図9-9）。ディビニ

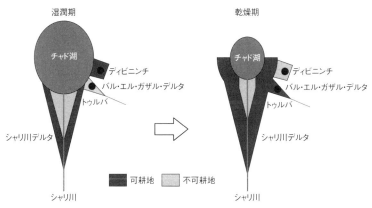

図9-9 チャド湖岸における乾燥期の可耕地拡大モデル

第9章 チャド湖南岸の住民生活と砂漠化

表9-3 ディビニンチとトゥルバの生態環境の比較

	年雨量レベル	卓越地形・地質	栽培穀物
ディビニンチ	270mm	北西-南東方向の砂丘	トウジンビエ（砂丘）
			トウモロコシ（湿地）
		砂丘間凹地	オクラ等の野菜類（湿地）
			ナツメヤシ（湿地）
トゥルバ	425mm	河成堆積物	トウジンビエ（シャリ川デルタ）
		砂質土壌	ソルガム
		還元土壌	トウモロコシ
			（チャド湖岸にて出作）
		起伏少	ベレベレ
			（出作が必要な場合あり）

注）ディビニンチ，トゥルバでは雨量が計測されてこなかったため，ディビニンチの年雨量は西方60kmのボルにおける平均年雨量（1913〜1994年），トゥルバの年雨量は東方60kmのマサコリの平均年雨量（1946〜1994年）の数値を使用した。
出典）年雨量はBeauvilain（1995），地形・地質は門村（1999），Pias（1970）を参考に筆者作成。

ンチのカネムブは，干ばつによって可耕地となったトゥルバに移住先を見出したと考えられる。

ディビニンチからトゥルバへの南下にともなって栽培穀物は多様化した。ディビニンチでの主要穀物栽培はトウジンビエであった。移住先のトゥルバ地域では栽培可能な穀物が，トウジンビエ，ソルガムに加え，氾濫源利用の，トウモロコシ，ベレベレと多様化したのである（表9-3）。

(4) 移住の歴史社会的要因

ディビニンチからトゥルバへの移住には社会的要因も考えられる。

調査村落の1つ，B村落のA氏（推定70歳代）は，父がディビニンチから離れた時の状況を詳しく話した。A氏の父は青年時代にディビニンチを離れた。その当時，数人の白人がディビニンチに来て，道路建設のために男性を1人残らず連れ去ろうとしたという。フランス人たちは日中の間，各戸をしらみつぶしにまわり，男性を徴用していったらしい。そこでA氏の父は，夜中の間に紛れてこっそりとディビニンチを1人抜け出した。徴用されたディビニンチの男たちは，マサゲット付近で道路建設の使役にあてられたという。

19世紀末，チャド湖岸地域の歴史は転換期にあった。カネム・ボルヌ帝国の終焉，ラバー帝国の急成長，ラバー帝国を倒したフランスのチャド征服といった出来事が，1893年から1900年代初頭にかけて集中して起こった（第5章参照）。ディビニンチからの第1波の移住時期はこうした出来事と重なる。

チャド湖東岸地域各地に割拠したカネムブ支族間の紛争も多発した。19世紀末から20世紀初頭にかけての時期は，ディビニンチに居住するカネムブ・ギジム氏族も，マオを中心に分布するコゴナ（Kogona）支族からの攻撃をたびたび受けた。さらにチャド盆地東部のアベシェを王都とするワッダイ王国もたびたびチャド湖東岸各地に攻撃をしかけていた（Magnant 1993）。

こうした紛争も，ディビニンチのカネムブの離村をうながす要因であったと考えられる。

5　複合的な移住要因

本節で論じた，チャド湖の東岸地方から南岸地方へのカネムブの移住時期，理由をまとめると以下の3点となる。

第1に，カネムブのチャド湖東岸から南岸への移住の主要因は，干ばつであった。年雨量300mmレベルの天水農業限界地で農業を営んでいたディビニンチのカネムブは，干ばつによって農業可能な雨量をもつ地域への移住を余儀なくされた。

第2に，ディビニンチを離れたカネムブの到達地はチャド湖東南岸のトゥルバ地域であった。湿潤期のトゥルバ地域は湿地が広がる不可耕地帯であったが，気候の乾燥化にともなって土地が広く干出したため可耕地へと変化した。

第3に，気候要因と深く連関して，カネムブの移住をうながしたのは，社会的要因である。特に19世紀末から20世紀初頭にかけてチャド湖地方では，紛争が多発した。ラバー帝国の台頭，フランス支配という外部からの圧力だけではなく，近隣のカネムブ支族同士の紛争もチャド湖東岸地域からの移住をうながした。

第3節　チャド湖南岸の多様な生業

　第1節で記したように，チャド湖岸地域では農業，牧畜，漁業が自然条件に応じて営まれる。こうした生産に加えて，多くの住民が商業，賃労働などの経済活動もおこなう。本節では，チャド湖岸トゥルバの多様な生業を考察する。

1　トゥルバでおこなわれる商業と賃労働

(1) トゥルバの定期市

　トゥルバがもっとも賑わうのは毎週日曜日に開かれる定期市の日である。この日にはトゥルバの住民のみならず，近隣から多くの人々が市場を訪れる。都市であれば，市場は常設であるが，トゥルバのような小さな町では週に1回開かれる定期市が重要な商業活動の場となる。

　トゥルバの定期市は，朝9時頃に活気を帯びだし，正午過ぎに賑わいは頂点を迎える。小屋掛けの下に幾人もの売り手がひしめき商取り引きがおこなわれる。

　前夜にはンジャメナから商品を満載したトラックがすでに何台も到着し，日用品などの荷卸しをおこなう。近隣の町からも小型トラックに荷物と人を満載して，次々と商人がやって来る。

　トゥルバの定期市で販売されるものは，トウモロコシ，モロコシ，トウジンビエなどの穀物，チャド湖産の干し魚，茶，砂糖，コーラ・ナッツ，ナツメヤシの実，調味料，布地，中古衣類，香水，日曜雑貨と多彩である。仕立屋，鍛冶屋，ラジオの修理屋，靴の修理屋なども軒を連ねる。水瓶を並べた一角もある。牧畜民アラブ・シュワの女性は自家製ヨーグルトやバターを売る。出店料は25フラン（約5円）で，これはトゥルバを統治する郡長の収入となる。

　市場から少し離れた場所には家畜市場も立つ。ここで取り引きされる主な

家畜は，ヤギであるが，ウシ，ラクダ，ウマ，ロバの取り引きもされる。

ここでは専業の商人ばかりではなく，近隣の農民も穀物やゴザを売りに来る。子どもたちも商売にいそしむ。子どもが扱う品物は，小鍋に入れた水，パンが主流だ。どちらとも市場で仕入れて，市場内を売り歩くのである。それでも一品当たり5フラン（約1円）程度の利益がでる。何人もの子どもが「アリメ（アラビア語チャド方言で水を意味する）」，「マッパ（同じくパンを意味する）」と声を張り上げながら売り歩く。

活気あふれる取り引きは夕方4時頃には終わりに近づく。

(2) トゥルバの常設店

定期市の日は小屋掛けの下に多数の出店がひしめくが，トゥルバには毎日営業している常設商店もある（写真9-4）。日干しレンガで建てられた常設商店で売られるものは多様だ。たとえば，電池，懐中電灯，マッチ，タバコ，洗剤といった具合である。料理用の薪を売る店もある。

こうした商店の他に，ヤギの焼き肉を供する店，コカ・コーラやお茶を供する飲食店もある。仕立屋，鍛冶屋の中にも常設のものがある。

写真9-4　常設商店

第9章　チャド湖南岸の住民生活と砂漠化　　139

常設商店を開くためには，かなり高額の資金を用意しなければならない。商品仕入れのためである。その額は少なくとも10万フラン（約2万円）は必要だろう。したがって常設商店を構えることができる者は限られる。

(3) 乾季の賃労働

トゥルバでは商人，専門職の者もかなり多い。仕立屋や鍛冶屋はかなりの専門職であり，修行が必要である。技術を持たない若者の中には，市が立つ日のトラックの積荷の荷卸し作業で，小遣い稼ぎをするものもいる。

乾季になると，トゥルバの町ではレンガ積職人をよくみかける。こうした人々はトゥルバの住民であることもあるが，遠隔地からの出稼ぎ労働者も少なくない。

トゥルバでの調査中に出会ったハッサン氏も出稼ぎレンガ積職人であった（写真9-5）。ハッサン氏は，私が寄宿していたムスタファ氏の家に滞在し，ムスタファ氏や近隣の家屋の建設に息子と2人で従事していた。

ハッサン氏はトゥルバの住民ではなく，トゥルバから280km北に位置する，マオからやってきた。マオはかつてチャド湖地方に起こったカネム王国

写真9-5　部屋を建設するハッサン親子

の首都であったところだ。ムスタファ氏の祖先もマオに起源をもつので，その縁でトゥルバまで出稼ぎにやって来たという。ハッサン氏がトゥルバに滞在したのは乾季のみで，雨季に入ると農業をするためにマオへ帰っていった。

2　周辺村落における氾濫原農業の重要性と多生業

(1)　多様な生業

多様な生業は，トゥルバ周囲の農耕民村落においてもおこなわれる。本節ではトゥルバから6km東に位置するビルケレラⅡ村落における生業を考察する。考察対象はビルケレラⅡ40世帯のうち，聞き取り調査をおこなうことができた16世帯である。

ビルケレラⅡで営まれる生業は，農業を基盤としながらも半数以上の世帯が家畜飼育，小規模商業や賃労働といった乾季の生計活動も営んでいた。主な栽培穀物も多岐に渡っていた。

(2)　4種の栽培穀物

ビルケレラⅡで栽培される穀物は，トウジンビエ，ソルガム，トウモロコシ，ベレベレの4種であった。この4種の穀物の栽培条件は異なる。

トウジンビエが栽培されるのは砂質を多く含む乾燥した土壌である。

ソルガムはトウジンビエよりも湿潤な土地を好むので，土壌水分が多い耕地で栽培される。

トウモロコシはソルガムよりもさらに土壌水分が必要なので，ビルケレラⅡ周辺での栽培は不可能だ。トウモロコシ栽培適地はチャド湖岸の氾濫原であるので，出作りが必要となる。5月の播種から9月の収穫まで，3〜4回の出作りにいかねばならない。1回の出作りの期間は2〜4週間である。

ベレベレは乾季作のモロコシで，雨季の終わりに播種し，収穫期は乾季最中の1月から2月である。ベレベレ栽培適地は，ビルケレラⅡから15km南下したワディ（季節河川）とその周辺に形成される微凹地である。このワディへの日帰りは不可能ではないが，多くの者は出作りをする。

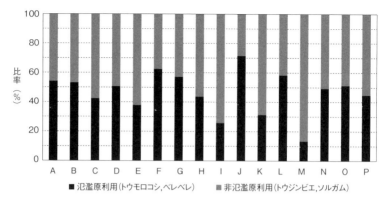

図 9-10 穀物収穫全体に占める氾濫原農業の世帯別比率（2005年）

(3) 氾濫原農業の重要性

ビルケレラⅡにおける氾濫原農業の重要性は，穀物収穫量全体に占めるトウモロコシ，ベレベレの比率から理解できる。

2005年における氾濫原利用のトウモロコシ，ベレベレが穀物収穫量全体に占める比率を世帯別に示したのが図 9-10 である。氾濫原農業の依存率が 50％を超える世帯は半数の 8 世帯に達する。なかには総収穫量の 73％を氾濫原農業に頼る世帯もあった（世帯 J）。

(4) 蓄財としての家畜飼育

家畜飼育は，16世帯中13世帯でおこなわれていた。飼育される家畜は，ウシ，ヤギ，ロバ，ウマである。牝ウシ，牝ヤギは主に搾乳用，牡ウシ，牡ヤギは肥育用として飼われている。他方，ロバ，ウマは運搬用として飼われている。

ウシ，ヤギの飼育は穀物収穫が不十分な時に備えた貯蓄という面でも重要だ。収穫が十分ではなく世帯で消費する食糧が不足する時には，所有家畜を売却して食糧購入費用にあてるのである。家畜の価格は季節変動するが，ウ

表9-4 調査世帯の家畜所有状況

世帯	牝ウシ	牡ウシ	ヤギ	ロバ	ウマ	合計
A	-	-	4	4	-	8
B	30	2	10	3	1	46
C	4	2	10	3	2	21
D	5	4	少し	1	3	13
E	2	1	2	-	-	5
F	-	-	-	-	-	0
G	2	-	-	1	1	4
H	20	4	6	1	1	32
I	5	1	-	1	1	8
J	-	-	-	-	-	0
K	3	1	10	1	1	10
L	5	1	1	1	1	4
M	4	-	-	-	-	4
N	-	-	20	2	1	23
O	3	-	-	3	1	7
P	-	-	-	-	-	0

シ価格が最安となる8～9月でも牝ウシ1頭の価格は，トウジンビエ400～500kg程度の価格に値する。またヤギ1頭を売却すれば，トウジンビエ100～150kgを購入可能だ。

　しかし，家畜の飼育頭数は世帯によって大きな差異がある（表9-4）。たとえばウシは16世帯中11世帯で飼育されているが，もっとも多い世帯では32頭を所有していた（世帯B）。ウシを所有しない世帯も5つあった（世帯A，F，J，N，P）。ヤギについても同様で，最大所有者は20頭のヤギを所有していたが（世帯N），まったく所有していない世帯も7世帯（世帯F，G，I，J，M，O，P）あった。

　ロバは16世帯中11世帯，ウマは10世帯が所有していた。ロバ，ウマの所有頭数は，ウシ，ヤギほど飼育頭数の差はない。ウシやヤギは財産でもあり，売却によって現金を得ることも考えて繁殖に精を出すものもいるが，ロバとウマは移動・運搬手段として用いられるため，必要以上の頭数を飼わないからである。

表9-5　調査世帯の乾季生計活動

世帯	乾季生計活動	世帯	乾季生計活動
A	×	I	ンジャメナで家畜商人
B	×	J	建築
C	商業	K	井戸職人，建築
D	×	L	井戸職人
E	商業	M	商業
F	×	N	×
G	×	O	商業
H	商業	P	建築

(5) 乾季生計活動

　ビルケレラⅡ住民が営む乾季の生計活動は，小規模商業と賃労働が主体であった（表9-5）。小規模商業は，男性によって担われる。あつかわれる品物は，農産物が主体である。小規模商業を営むすべての男性の商売は，チャド湖岸氾濫源で生産されたトウモロコシをビルケレラⅡから50km北西のグレダヤで仕入れ，ビルケレラⅡから60km南方のマサゲットで売ることによって利益を得ることであった。帰途にはマサゲットではラッカセイを仕入れ，トゥルバ，グレダヤで売却する。運搬手段はロバである。グレダヤ，マサゲットは，ビルケレラⅡから日帰り不可能な距離にあるため，移動はそれぞれ1泊2日程度でおこなわれる。

　世帯主の男性が井戸掘り技術，あるいは建築技術をもっている場合は（世帯J，K，P），そうした技術を生かした賃労働が乾季の間におこなわれる。この場合建築技術とは，日干しレンガ製の家屋を建てる技術である。特殊な事例はⅠ世帯であった。世帯主は1年間農業を中断し，首都のンジャメナでウシ商人をして生計をたてていた。

第10章　NGO「緑のサヘル」の砂漠化対処活動

　砂漠化が地球環境問題の1つとして注目されて以来，数多くの砂漠化対処活動がおこなわれてきた。しかし，その多くは失敗におわり砂漠化を抑制することはできなかった（門村 2003）。その重要な要因として，砂漠化対処が，植林一辺倒となり，乾燥地の人々の重要な生業であった牧畜や漁業への関心が低かったことが指摘されてきた（嶋田 2003）。

　本章では，日本の環境NGO「緑のサヘル」の砂漠化対処活動を考察する中で，地域住民にとっての砂漠化と一般的な砂漠化理解に立脚した砂漠化対処活動との隔たりを論じてみたい。この砂漠化対処活動は，筆者が1993年から97年まで3年8ヵ月にわたり，林業，農業分野担当の駐在員として関わったものである。バイリとトゥルバの2つの活動地のうち，筆者が駐在したのは活動規模が大きかったバイリであったが，トゥルバにおける活動にも関わっていた。

第1節　環境NGO「緑のサヘル」の設立

　砂漠化問題に関心が集まりはじめた1980年代末期から90年代初頭にかけて，日本では砂漠化対処を目的とするいくつかのNGOが設立された。国際援助の新しい担い手としてNGOに対する関心の高まりもその背景にあった。
　環境NGO「緑のサヘル」もこの時期に設立された。設立者は初代代表理

事である高橋一馬氏である。設立年は1991年であった。

　創設者の高橋氏が海外の窮状に対して目を向けはじめた時期は，それよりもさかのぼる。新潟県の農家の四男に生まれた高橋氏は，日本が高度経済成長の真直中にあった高校時代，インドで餓死者がでたという新聞記事に衝撃を受けたという。あんなに広い国土を持つ国で飢餓が発生することは，少年時代の高橋氏にとって理解できない現象であった。高橋氏はやがて，世界から飢餓をなくすという志をもって，東京農業大学に進学した。

　大学時代の高橋氏は，アルバイトでためた資金を使いバングラデシュにおいてボランティア活動を体験した。大学卒業後も，ソマリアにおける難民救援活動などにかかわって国際援助経験を積んでいった。

　1987年，砂漠化対処を目的としたNGO「サヘルの会」が高橋氏によって設立された。活動地はサハラ南縁に位置するマリであった。「サヘルの会」への注目度は次第に高まっていった。しかし，参加メンバーが増えるにしたがって，高橋氏の考えとは異なる方向に活動が進みはじめた。具体的には野菜の灌漑栽培にモーターポンプを使用するか否かという点であった。高橋氏は，モーターポンプ使用に肯定的であったが，他のメンバーは否定的であった。否定の理由は，モーターポンプが高額すぎるために，住民に対するモデルとはなりえないという点にあった。

　そうした状況の中，高橋氏は新たなNGOをつくることを考えはじめた。それが「緑のサヘル」であった。「緑のサヘル」の活動目的は「サヘルの会」と同様の砂漠化対処であった。活動地として選ばれたのは，チャドであった。

　「緑のサヘル」が活動地としてチャドを選んだ理由は3点ある。

　第1は，チャド湖の縮小が砂漠化の象徴であったことによる。

　第2は，チャドが世界最貧国の1つであったことである。最貧国の1つであるチャドでの成果は，他のサーヘル諸国での砂漠化対処に生かしうるという，活動の広域展開を見据えたこともチャドを選んだ理由である。

　第3は，チャドは日本との関係が希薄である点である。知名度が低く，日本のODAもほとんどない場所でこそ，NGOが活動する意味があると高橋

氏は考えた。

第2節　2ヵ所の活動地と活動体制

1　活動地の選定

　チャドにおいて「緑のサヘル」が選んだ活動地は2ヵ所であった。第1の活動地はウバンギ高地からチャド湖へと流れるシャリ川中流左岸のバイリを中心とした地域であった。第2の活動地は前章で論じたチャド湖南岸のトゥルバ地域であった（図10-1）。バイリでは1992年に，トゥルバでは1993年に砂漠化対処活動が開始された。

2　バイリの地理環境

(1) バイリの自然環境

　トゥルバの地理環境はすでに論じたので（第10章），ここではバイリの地理環境について論ずる。

　バイリの位置はシャリ川中流域左岸，首都ンジャメナから270km南東にある。バイリの東方3km地点でシャリ川とその支流のバイリ川が合流する。

　バイリでは気象データがとられていなかったが，40km東に位置するブッソの1943年から2000年までの平均年雨量は，856.4mmであった（図10-2）。したがってバイリはサーヘルというよりは，スーダン性の気候帯に位置する。1943年以降の最多年雨量は1958年の1,305.4mm，最少年雨量は1985年の489.3mmであった。その差はおよそ800mmであった。

　1940年代以降の10年平均の年雨量をみると，もっとも少なかった1980年代の値は717.4mmであり，もっとも多かった1950年代の1,003.7mmであった。1980年代の10年平均の年雨量は1950年代の71％にまで減少したことになる（図10-3）。バイリの雨季は5月から10月初旬までで，もっとも雨量が多いのが8月である。

図 10-1 「緑のサヘル」の活動地

(2) バイリの形成

 歴史的にバイリはシャリ川右岸に分布する農耕民バギルミの支配地域であった。バギルミは 17 世紀初頭にシャリ川右岸のマセニアを王都としてバギルミ王国を成立させた。バギルミのスルタンはバイリ東方 40km に位置するブッソに現在でも拠点をおき，チャド国家行政システムのもとブッソ郡長（sous-préfet）として行政統治をおこなっている。バイリを中心とするバイリ小郡はこのブッソ郡に属する。

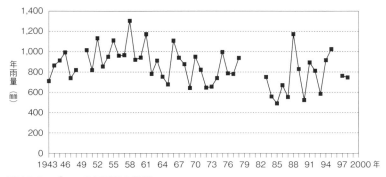

図 10-2　ブッソの年雨量の推移

出典）Beauvilain（1995: 45）より筆者作成。

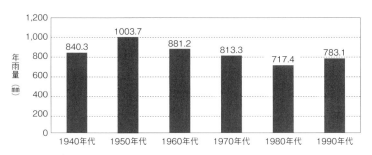

図 10-3　ブッソの 10 年平均年雨量の推移

出典）Beauvilain（1995: 45）より筆者作成。

　バイリは，かつては小さな村であった。しかし，1945 年にバイリ農業学校が創立されると次第に人口が増えていった。

　バイリ農業学校は，アフリカ中部フランス語圏における中級農業技術者の養成を目的として設立された。かつては近隣諸国から学生が集まったが，現在の学生はチャド人のみである。

　綿花栽培地を求めて，チャド西部からマサが，南部からサラがバイリへ移住したこともバイリの人口増加を加速させた。1984 年，85 年の大干ばつをきっかけとしてバイリの人口はさらに増加した。バイリの民族構成は，バギルミ，サラ，アラブ・シュワ，マサ，ワッダイ，フルベなど多様であった。

1997年の時点でバイリの人口は約7,000人であった。

3 「緑のサヘル」の活動体制

「緑のサヘル」のチャドにおける活動拠点は，バイリとトゥルバの2ヵ所の活動地と首都ンジャメナ事務所から成り立っていた。

活動地は2ヵ所であったが，バイリとトゥルバでは活動規模と形態が異なった。規模が大きかったのはバイリの方である。

バイリには現場事務所とモデル農場を開設し，ここを「育苗・普及センター」と位置づけて，砂漠化対処活動の普及を目指した。筆者が活動に参加した1993年から97年までのバイリの人員体制は，2名の日本人スタッフ，10名以上のチャド人スタッフであったが，筆者の離任後，活動5年目の1997年に日本人スタッフのバイリ駐在は終了した。

他方，トゥルバには現場事務所を置かず，環境省森林局のトゥルバ地域の責任者が，「緑のサヘル」の兼任スタッフとして住民との仲介役となった。

4 3つのスローガン

バイリ地域での「緑のサヘル」の砂漠化対処活動は，「緑を増やす」「緑を減らさない」「食糧自給の達成と生活改善」という3つのスローガンを掲げてはじまった。具体的な活動は，「緑を増やす」ための育苗と植林，「緑を減らさない」ための改良カマドの普及，「食糧自給の達成」のための農業の改善であった。

他方トゥルバでの砂漠化対処活動は，「緑を増やす」ための育苗と植林が中心であった。

第3節 バイリにおける砂漠化対処活動

1 植林活動の限界

(1) 有用樹の植林

バイリにおける砂漠化対処活動で当初もっとも力点が置かれたのは，「緑

を増やす」植林活動であった。過去欧米主導のもと砂漠化対処として植林された樹種は，インドセンダン（*Azadirachta indica*），ユーカリ（*Eucalyptus camaldulensis*），カイセドラ（*Khaya senegalensis*）などの日陰を提供することを主目的とした樹種が多かった。これらの樹種は街路樹，学校の校庭，村の広場などの伐採が禁止されている公共地に植えられた。

「緑のサヘル」の植林の目的は，それらの樹種に加えて，従来の緑化プロジェクトではあまりなされてこなかった，人間が利用できる有用樹を植林することにあった。それによって緑化と生活改善を図ろうとしたのであった。すなわち薪炭材などの供給，耕地内へのファイデルビア・アルビ（*Faidherbia albida*, 旧名：アカシア・アルビダ *Acacia albida*）などのマメ科樹木の植林による土壌保全，薪材に適するコムブレタム（*Combretum glutinosum*），果樹とアラビアゴムが採れるアカシア・セネガル（*Acacia senegal*）の植林による現金収入の増加を推進しようとするものであった。この点に環境NGO「緑のサヘル」の植林活動の出発点からの特色があった。

(2) 苗木配布から住民による育苗へ

「緑のサヘル」がとった当初の方法は，バイリのモデル農場に設置された育苗センターで生産された苗木の配布であった（写真10-1）。活動開始2年目の93年には，28種類の苗木が無料配布された。樹液がアラビアゴムとなるアカシア・セネガルとマンゴ，パパイヤ，グアバ，柑橘類といった果樹は1本100CFAフラン（約20円）で有料配布された。

育苗センターの苗木生産本数は，93年には約6万9,000本に達した。しかしそれ以降生産本数は減少し，98年には育苗センターでの配布用の苗木生産が終了した。

育苗センターでの苗木生産を終了させた理由は，住民育苗場での苗木生産を奨励するためであった。住民育苗場とは，住民自身が，苗木を育てる小規模な育苗場のことである（写真10-2）。「緑のサヘル」は住民グループによって住民育苗場が継続的に運営されることを期待した。

住民育苗場の数は，設置開始直後の93年の3ヵ所から95年の17ヵ所と飛躍的に増加した。しかし，それ以降は急激に減少した。個々の住民育苗場での生産本数も減少した。

　住民育苗場における育苗樹種は，インドセンダン，ユーカリ，カイセドラといったいわゆる日蔭用樹種と果樹が中心であった。しかし，「緑のサヘル」が育苗・植林を期待した西アフリカで，アグロ・フォレストリー用樹種として耕地内に残されるファイデルビア・アルビダ，薪に適する樹種が育苗されることはなかった。

　住民育苗場へは，「緑のサヘル」の育苗・植林普及員が1週間に1度訪問し，技術指導をおこなっていた。しかし，住民育苗場を訪問する育苗・植林普及員を通じて，育苗・植林よりもそれ以外の支援を要望する住民グループが増加したことが明らかになった。

(3) 植林モデル区に対する「緑のサヘル」と住民との齟齬

　育苗・植林の意欲を喚起するために「緑のサヘル」は植林モデル区における植林もおこなった。植林モデル区の対象となった村落はバイリよりも3km東方のアストック・ガブリ，アストック・サラ，マイラオの3村であっ

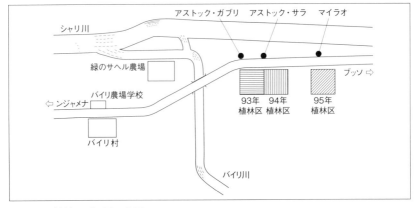

図10-4　植林モデル区の位置

写真10-1 「緑のサヘル」の育苗センター

写真10-2 住民育苗場

た(図10-4)。植林モデル区には93年から95年まで毎年20ha,合計60haの植林がなされた(写真10-3)。

チャドでみられた植林の多くは,学校の校庭などの公共地へのインドセンダン,ユーカリ,カイセドラといった樹種の植林であった。それらは伐採禁止とされることが多く,成長後も住民によって薪炭材や建材として積極的に利用されることはない。その結果,整然とした外観を保っている。

一方「緑のサヘル」の植林モデル区事業が目指したのは,「住民が将来積極的に利用できるような植林地の造成」であった。そのため,植林された樹種には,アグロ・フォレストリーに有用なファイデルビア・アルビダ,天然ゴムの採れるアカシア・セネガルも含まれていた。

しかし,植林モデル区の運営方法について「緑のサヘル」と住民の間には齟齬が生じていた。「緑のサヘル」の考えは,住民のための植林地であるゆえ,住民が自発的に無償で植林と管理をおこなうことであったが,住民側は作業に対する報酬を求めた。住民の言い分は,定植時期と農繁期が重なり,農業に支障をきたすため,その補償として賃金を払えというものであった。

「緑のサヘル」は最終的に住民の要求を受け入れた。木が成長する将来,

写真10-3 植林モデル区での定植作業

アストック村の住民が，マメ科樹木による耕地の肥沃化や，薪炭材の供給という利益にあずかることによって，植林活動の目的が理解されることを期待したのであった。

3年間の植林事業が終了した後，「緑のサヘル」と3村住民による植林モデル区の将来計画に関する協議がおこなわれた。

その結果，アストック土地管理委員会を設立し，植林区を中基点として総合的な土地の管理や村落開発を進めていくことになった。その目的は土地資源の管理による自然資源の持続的利用であったが，同時に生活向上活動も視野にいれられていた。住民育苗場を設置し，その後に農業などの他の分野への支援をしていくことが両者によって確認された。

2 改良カマドの特徴と普及の問題点

「緑を減らさない」活動として改良カマドの普及が試みられた。チャドでは農村はおろか，都市においても薪炭が料理用の燃料として一般的であった。一般的な砂漠化理解では，料理に使う薪炭の「過伐採」は砂漠化の重大な人為的要因とされる。改良カマドの普及の目的は，料理に使用する薪の燃焼効率をあげることによって，樹木の伐採を抑制することにあった。

アフリカでは，三ツ石カマドと呼ばれるカマドが広く使用される。三ツ石カマドとは3個の石を直接地面に置くだけの簡単なカマドである。そのカマドのうえに鍋をおいて加熱料理をする。三ツ石カマドは料理以外にも役に立つ。炎が照明となる，煙が虫除けになるといった利点である。しかし，燃料消費効率という点では改良の余地があるとされた。

つまり改良カマドの特徴は，火の周囲を囲うことによって，燃焼の効率を上げることにあった。

改良カマドは粘土製と金属製の2タイプに大別できる。「緑のサヘル」は先行団体の例を参考にして6種類の改良カマドを試作した（図10-5）。粘土製カマドはコストが安く，また製作方法が簡便なため，女性を対象に普及が試みられた。普及が試みられたカマドのタイプは図10-5中の⑥であった。

それに対し金属製カマドはコストが高くなるが、頑丈でもち運びができる。ただし、一般家庭での金属カマドの製作は難しいため、鍛冶屋を対象に図10-5中の②のモデルの技術移転が試みられた。

しかし、改良カマドが広く普及することはなかった。その要因は、料理をする女性にとって改良カマドの使い勝手が悪かったこと、改良カマドの使用が必ずしも薪消費量の減少に結びつかなかったことにある。利益が期待できないため、鍛冶屋もカマドの製作販売を受け入れなかった。カマドの使い勝手と薪消費の問題については第11章で詳しく論ずる。

3　農業改善の困難さ

(1)「食糧自給達成」のためのモデル農場

「緑のサヘル」が掲げた3つ目のスローガンは、「食糧自給達成」であった。その背景にはサーヘル・スーダン帯の飢餓問題があった。「食糧自給達成」は、「緑のサヘル」代表の高橋氏が海外に関心をもつきっかけとなった「インドの飢餓」問題と共通する。そのための一つの手段は稲作の普及にあると「緑のサヘル」は考えた。

バイリ地域では、わずかながらシャリ川の氾濫源を利用してイネが栽培されていた。バイリの人々は日常的にコメを食べる習慣をもたないが、祝事などにはコメがでる。コメは他の穀物よりはkg当たり1.5倍から2倍の高値で取り引きされる。コメは値段が高いばかりではなく、単位面積当たりの収穫量も多い。それゆえバイリ地域での稲作普及が住民の食糧事情と生活の改善に資すると「緑のサヘル」は考えた。

食糧自給を最終的な目標としたバイリ地域の農業改善の目的として、「緑のサヘル」は育苗センターに併置されたモデル農場において次の3種の栽培試験を試みた。

①　在来農法改良と改良品種導入を目的としたデモンストレーション在来農場

①アルバルカタイプ
最初に試作したタイプ。製作は簡単だが壊れやすい。

②金属製カマド
熱効率と強度に優れているが製作コストが高い。

③煙突つきカマド
据付型のカマド。地酒つくり用に製作。

④改良三ツ口カマド（屋内型）
ケニアで普及しているカマドを参考に試作。腰痛対策のために立って調理する。

⑤改良三ツ口カマド（屋外型）
④の屋外型。

⑥二口粘土製カマド
チャド南部でアメリカ平和部隊が普及を試みているタイプ。

伝統的三ツ石カマド

図 10-5 「緑のサヘル」が試作した改良カマド
出典）緑のサヘル報告会資料（坂井真紀子作成）。

②　シャリ川，バイリ川の氾濫源を利用する稲作
③　現金収入の増加と食生活の改善を目指した野菜栽培

(2)　農業改善策の限界

しかし，モデル農場でのデモンストレーションは成果に結びつかなかった。在来農法の改良を目的とした在来農場での収穫量は，通常の農民の収穫量を大きく下回る状況にあった。

モデル農場内の氾濫源を利用しておこなわれた稲作は，シャリ川の激しい水位変動に対応できず，安定した収穫を得ることはできなかった。水田で栽培された品種は，チャドのマヨ・ケビ県で栽培されていた在来種，タイからもち込んだ浮稲，フィリピンの国際稲作研究所（International Rice Research Institute）が開発した早生種などであった。

野菜栽培に関しては，すでにシャリ川岸で野菜栽培がおこなわれており，バイリの住民にとって特に目新しいものではなかった。それでも野菜栽培をおこなうグループマンもあった。しかし，野菜の販路開拓に困難が生じた。バイリの市場において野菜販売は可能であるが，それほど多くの販売益を期待することはできない。首都のンジャメナまで運搬できれば，それなりの売り上げを期待できるが，270kmの距離，しかもその半分が未舗装という道路状況下に起因する，高額な運搬費用が障害として立ちはだかった。

(3)　モデル農場から村落へ

「緑のサヘル」の活動の中では，植林よりもイネやダイズの栽培などの農業分野の活動に関心をもつ住民が多かったという印象を筆者はもっていた。モデル農場で成果をあげることができなかった「緑のサヘル」は，モデル農場を中心とした方法から，住民が希望する作物を実際の農地で試験栽培するという方針転換をはかった。

住民の関心を集めたのは稲作とダイズ栽培であった。稲作は植民地時代よりロゴンヌ川中流域でおこなわれてきたし，チャド南部ではダイズ栽培が普

及しはじめており，バイリ住民もこれらの作物に関する知識をもっていたからである。1997年に4つのグループマンと呼ばれる住民グループ（後述）から稲作栽培希望が寄せられ，98年には7つのグループがダイズの栽培をしたことは「緑のサヘル」にとっては貴重な成果のうちの1つであった。

4　多様化した砂漠化対処活動

「緑のサヘル」がかかげた3つの主活動,すなわち植林,改良カマドの普及,農業改善の成果は限定的であった。そのかわり，住民からの要望によって活動内容は多様化した。以下，プロジェクト開始後に加えられた4つの活動を考察する。

(1) グループマンとその運営の問題点

バイリにおける砂漠化対処活動の受け皿は，住民の自主組織であるグループマンであった（改良カマドについては個人の場合もあった）。

グループマンというのは，行政，チャドの場合は小郡長（chef de canton）から認可された住民組織（ボランタリー・アソシエーション）である。このグループマンが，多くの場合NGOなどの開発援助機関の援助の受け皿となる。しかし，バイリ地域の多くのグループマンは，行政による認可を得ていない任意団体であった。会計管理や組織運営など，活動を運営するための経験や知識も充分でないグループマンも多かった。

「緑のサヘル」は住民育苗場の活動をとおしてグループマンと接していく中で，グループマンの運営力強化の必要性を認識した。援助を効率よく浸透させるためだけではなく，最終的には住民同士（グループマン同士）の相互扶助ができる組織でなければ，砂漠化対処と生活改善は不可能であると考えたからである。

住民のグループ化の利点は,援助の受益者の拡大,活動に必要な灌漑用モーターポンプなどの高額品が購入しやすくなるなどといった点にある。開発機関の立場からみると，グループマンをパートナーにすることは，個人を対象

にするよりも，活動成果のより平等な波及が期待できる。個人を支援するとなると，支援が偏り，住民間の格差を助長してしまう可能性があった。

カメルーン南部やセネガルには頼母子講組織があり，女性を中心に広く浸透していることが知られているが（たとえば小川 1998，野元 2005），チャドでもこうした頼母子講が存在していた。植民地政府による換金作物栽培のシステム化や住民の統制を目的とした住民の組織化とは異なり，NGO による住民のグループ化の発想はこうした自発的な講組織をモデルにしていた。

実は「緑のサヘル」の当初の活動計画においても，グループマンへの支援策を見込んでいた。住民育苗場の運営への支援というかたちで，グループマンとの関係がはじまったが，最初はグループマンの運営自体には介入をしなかった。しかし，育苗普及員が村落を定期訪問するうちに，グループマンの運営方法にも問題があることがわかった。たとえば，会計係がグループマンの活動資金を私用するというような事態が，少なからず発生することがわかってきたのである。

さらに，女性のみで構成されるグループマンからの支援要請が「緑のサヘル」に対してなされた。その要望の中には，「グループマン活動運営の指導」という項目が含まれていた。女性たちが，グループマンを結成したものの，運営の仕方がわからずに「緑のサヘル」に支援を要望したのであった。しかし，「緑のサヘル」にはグループマンの組織運営を専門とするスタッフがいなかったため，カトリック系の NGO である INADES-Formation に講師の派遣を依頼することによって女性たちからの要望を受けいれた。INADES-Formation とは，コート・ディ・ヴォワールに本部を置く INDADES（l'Institut Africain de Déeloppement Economique et Social 経済社会発展のためのアフリカ研究所）の下部組織で，農民に対する研修活動を担う NGO である。

(2) マイクロ・クレジットによる共同穀物庫支援

1990 年代は，バングラデシュで開発されたマイクロ・クレジットと共同穀物庫運営を組み合わせ，穀物不足を解決しようとする援助事業がアフリカ

に広まった時期であった。共同穀物庫運営の基本的な仕組みは，穀物市場価格が安いうちに仕入れ，高騰する時期に売るサイクルを繰り返しながら貯蔵穀物を増やしていくものである。そして，共同穀物庫運営メンバーは，端境期の穀物不足時には，共同穀物庫から穀物を借用することができる。

　チャドにおいても，多くの開発援助機関が 1990 年代初頭よりこの取り組みをすでにはじめていた。「緑のサヘル」に対してもバイリでの活動開始直後から，マイクロ・クレジットと共同穀物庫運営支援の要望が寄せられていた。

　「緑のサヘル」が，そうした住民の要望を受け入れたのは，活動開始 5 年後の 1998 年のことであった。同年，共同穀物庫建設のために 7 グループに対してそれぞれ 15 万 CFA フラン（およそ 2 万 5,000 円）を融資した。融資を受けたグループマンは，貸付金は完済することができたが，穀物備蓄を継続させることはなかった。

(3) 淡水魚養殖実験

　計画当初の予定にはなかった淡水魚養殖実験がモデル農場でおこなわれた。

　シャリ川，バイリ川で捕れる淡水魚は地域住民の貴重なタンパク源のうちの 1 つで，日常の食事にも供される。シャリ川の漁獲量の減少は住民にとって深刻な問題であった。減少した漁獲量を補うために，使用される漁網の目が細かくなり，淡水魚の減少→目の細かい網による漁→淡水魚のさらなる減少，という悪循環に陥っていた。それに対して，水森林局は漁網の目の下限を 10cm に決めて取り締まりにあたっていたが，生活のために目の細かい網を使用する住民は後を絶たず，水森林局による漁網の規制は根本的解決にはなっていなかった。

　「緑のサヘル」による淡水魚養殖試験の目的は，住民のタンパク源の確保と，現金収入の機会の増加であった。「緑のサヘル」は，この分野で先行していたイタリアの NGO，アフリカ協力協会（Association pour la Coopération Rurale en Afrique et Amérique Latine, 以下「ACRA」）のプロジェクトを参考

にして，モデル農場内で，ティラピア（*Tilapia nilotica*）の養殖実験を開始した。鉄製の生簀，葦の生簀，造成した養殖池を利用した淡水魚養殖試験を試みた。しかし，生産コストが高く，住民への普及の目処がたたなかったため，モデル農場での淡水魚養殖試験は97年に中止された。

ACRAの淡水魚養殖プロジェクトも普及の見込みがたたず，すでに中止となっていた。

（4）井戸掘削

活動開始前の計画には，井戸の掘削は含まれていなかった。それは掘削費用と井戸に精通する人材確保の目処がたっていなかったことが理由である。しかし，日本人およびチャド人技術者の採用によって井戸掘削が可能になった。

住民の井戸に対する要望は大きく，「緑のサヘル」にもたびたび井戸掘削の要望書が送られた。要望された井戸のタイプは，コンクリートで側壁を固めた掘井戸タイプか手押しポンプで水をくみ上げるタイプのものであった。このようなタイプの井戸が無い村落の住民は，素掘の浅井戸水，河川水を利用せざるをえない状況にあった。ヨーロッパ共同体からの援助，畜産省の家畜用井戸プロジェクトによって井戸が設置されている村落も少数あったが，アクセス可能な住民の数は限られていた。

「緑のサヘル」は住民からの要望で1本の井戸を掘削した。しかし，井戸は掘削費用が高く，深さ20mのコンクリート側壁の掘井戸を1本掘るにもおよそ200万円の費用がかかった（1998年当時）。また，完成後の管理方法について住民間で取り決めをしておかねばならないため，1本の井戸を掘るために準備を含めて1年以上の期間が必要であった。セメント，鉄筋をはじめとした材料は首都のンジャメナで購入しなければならず，物資の調達にも時間を要した。

第4節　トゥルバにおける砂漠化対処活動

1　援助の受け手としてのグループマン

(1) トゥルバのグループマン

「緑のサヘル」のトゥルバにおける中心的活動は植林であった。トゥルバにおける，砂漠化対処活動の受け皿もバイリ同様グループマンであった。「緑のサヘル」が砂漠化対処活動を開始した当時，トゥルバでは35のグループマンが結成されていた。

トゥルバではバイリよりもグループマンの組織化が進んでいた。トゥルバのグループマンのうち，公式に承認を得ていたのは35グループのうち15グループであった。さらにトゥルバでは35のグループマンのうち16のグループマンが開発援助機関から何らかの支援を受けていた。トゥルバのグループマン活動を支援していた開発援助機関は，政府機関である農村開発公社（Office National Développement Rural, 以下「ONDR」），ACRA,「緑のサヘル」の3団体であった。

(2) マイクロ・クレジットによる穀物備蓄支援

トゥルバで活動する開発援助団体の認識ではトゥルバ地域の住民にとっての重要な問題は，穀物不足であった。そこで，ONDRとACRAの共同事業によって，マイクロ・クレジットを用いて穀物備蓄支援活動をおこなっていた。

トゥルバでの穀物備蓄支援方法は，「緑のサヘル」がバイリでおこなったものと基本的に同様であった。ONDRとACRAによる融資額は，1つのグループマンに対して50万CFAフラン（約8万円）であった。

トゥルバの35のグループマンのうち，ONDRあるいはACRAから穀物備蓄のための融資を受けることができたのは6グループにすぎなかった。この6のグループマンすべてが50万CFAフランの融資を完済することがで

きた。しかし当初のねらいどおり，穀物備蓄が融資完済後に継続的におこなわれているケースはなかった。

　その理由は，ONDR担当者の不在にあった。融資当初のONDR担当者は，開発援助現場での経験が豊富であったが，6つのグループマンが融資を完済した後間もなく，他所へ異動となった。ところが後任の担当者が着任せず，結局，融資を受けたグループマンが，穀物銀行の運営方法を習得しないまま，穀物備蓄計画は挫折した。

(3)　グループマン・ユニオン

　トゥルバのグループマンは，バイリのグループマンと違い，ある程度の組織運営力を備えていた。グループマン・ユニオンの活動はそうした運営力を反映したものであった。

　トゥルバの35のグループマンは，1996年にユニオン（連合体）を組織した。グループマン・ユニオン結成のきっかけは，ONDRによるモーターポンプを使っての灌漑による果樹，野菜栽培プロジェクトへの共同参加であった。共同農場の位置はトゥルバの西方約2kmの場所に設置された。しかし，96年のプロジェクト開始後すぐモーターポンプが故障し，農場はそのまま放置状態にあった。ポンプを修理できない理由は資金不足であった。その結果，共同農場は放置されたままになった。

　ACRAによる小学校の校舎建設も，グループマン・ユニオンが受け皿になって実施された。規模の大きい援助計画に対しては，グループマン・ユニオンがトゥルバの受け皿として，外部機関との交渉窓口になっていた。

　グループマン・ユニオンは「緑のサヘル」の活動とも深くかかわることになる。

2　「緑のサヘル」の植林活動

(1)　トゥルバでの育苗・植林活動形態

　「緑のサヘル」のバイリ地域の砂漠化対処活動は，植林を中心としたもの

から，植林を含む農村開発へと変化したが，トゥルバ地域での活動は，育苗・植林に対するグループマンを通じた支援であり続けた。

1993年からはじまったトゥルバでの砂漠化対処活動は，住民育苗場への支援というかたちで進められた。

住民主体の植林活動がなされるトゥルバには，専任の「緑のサヘル」スタッフは置かれなかった。そのかわり環境省水森林局のトゥルバの責任者であったムスタファ・アジマイ氏（以下「ムスタファ氏」）が，「緑のサヘル」のトゥルバ地域での活動責任者を兼任した。ムスタファ氏は1970年代はじめより森林官としてトゥルバに赴任していた。ムスタファ氏のような国家公務員は，数年ごとに転勤を繰り返すのが通例である。しかし，ムスタファ氏は長年トゥルバに暮らし，住民，グループマンとの信頼関係があると判断され，「緑のサヘル」の活動責任者となったのである。

「緑のサヘル」がムスタファ氏を，トゥルバ地域の責任者とした理由には，もう1つ重要な理由があった。

チャド政府は，国家公務員がNGOの仕事を兼務することを奨励していたからである。その背景には，チャドの国家財政逼迫によって，国家公務員への給与支払支出削減を必要としていたこと，専門教育を受けた国家公務員の国家開発への有効活用という理由があった。国家公務員本人も，給与の遅配がなく，かつ「高給」のNGOへの出向を希望する者は多かった。

(2) 住民育苗場設置とその問題点

「緑のサヘル」による最初の住民育苗場が設置されたのは1993年であった。設置された場所はトゥルバ近郊村落のブーチャムであった。翌年の94年には住民育苗場は6ヵ所に増えた。その後，住民育苗場の数は，微増し98年には9ヵ所となった。

住民が育苗・植林した樹種は以下の4種であった。

① アラビアゴムが採れるアカシア・セネガル（*Acacia senegal*）

② 成長が早い外来種で，日陰や防風林のための樹種として評価されるインドセンダン（*Azadirachta indica*）
③ 同じく外来種のパーキンソニア（*Parkinsonia aculeata*）
④ 同じく外来種のプロソピス（*Prosopis juliflora*）

育苗場1ヵ所当たりの育苗予定本数は，年間100本から500本であった。

しかし，住民育苗場には数々の問題があった。まず井戸から遠いため灌水が困難であった。また多くの成人男性が，トゥルバ北方のチャド湖岸へトウモロコシの雨季作に出かけていくため，苗木管理者が不在となりがちであった。

それゆえ，95年の活動では苗木の植林まで至った住民育苗場は1ヵ所もなかった。98年は9ヵ所中4ヵ所が植林までこぎつけることができたが，5ヵ所ではすべての苗木が枯死した。

(3) グループマン・ユニオンの提案による大規模育苗場建設

1996年，グループマン・ユニオンが，「緑のサヘル」に対して，大規模な育苗場を建設することを提案した。それは，それまで個々のグループマンによって運営されてきた育苗場の統合であった。「緑のサヘル」はその提案を受け入れ，トゥルバに大規模なグループマン・ユニオン育苗場が開設されることになった（写真10-4）。

「緑のサヘル」が支援したのは，育苗資材，金網購入費用，苗木生産管理のためのワーカーへの報酬であった。「緑のサヘル」が提供した資材は，育苗ポット，種子，ジョウロ，スコップ類であった。太陽光発電によってくみ上げられる井戸の水代，水をためるドラム缶購入も「緑のサヘル」が負担した。

育苗された樹種は，木陰をつくることを目的にした，インドセンダン，パーキンソニア，プロソピスとアラビアゴム採取を目的としたアカシア・セネガルであった。しかし，薪材として有用なアカシア・ニロチカ（*Acacia nilotica*）は育苗されなかった。

苗木の使途は，市場などの公共地への植林，グループマン・ユニオンのメ

写真 10-4　トゥルバのグループマン・ユニオンの育苗場

ンバーへの配布，市場での販売であった。市場での販売価格は，苗木1本当たり50～75CFAフラン（約8～12円）であった。

　グループマン・ユニオンによる育苗本数は，1996年に4,470本，97年は1万700本，98年は1万50本と増加した。市場で販売された分の苗木の売り上げは，96年には11万5,000CFAフラン（約2万円），97年には18万7,000CFAフラン（約3万2,000円）に達した。販売益はグループマン・ユニオン育苗場運営費，備蓄用の穀物の購入にあてられた。

(4) 植林されなかった薪材用樹種

　トゥルバの育苗・植林活動では「緑のサヘル」が当初の計画において進めようとした，薪材用樹種の植林はなされなかった。

　トゥルバでは通常，薪としてアカシア・ニロチカが使用される。アカシア・ニロチカはマメ科の樹木で，西アフリカからインドまでの乾燥サヴァンナや湿潤リヴァンナに生育する。

　先にも記したとおり，トゥルバで育苗された樹種は，天然ゴム原料を生産するアカシア・セネガルの他は，インドセンダン，プロソピスなどの日陰，

防風などを目的とした，成長が早い外来種であった．

トゥルバの育苗場で，薪用樹種のアカシア・ニロチカが育苗されなかった理由は2点ある．

第1は，薪集めを担うのは誰かという問題である．サハラ南縁地域において，薪集めの仕事を担うのは女性と子どもである．しかし，トゥルバのグループマン構成は男性中心であった．育苗を担うのが男性である以上，薪用樹種に対する意識が低いのは当然であった．

第2は，薪の調達方法の問題であった．7,000人もの人口を有するトゥルバにおける主要な薪の調達方法は，商店やトゥルバ周辺の農民からの購入であった．

トゥルバでは商品としての薪の需要があるため，トゥルバ周辺の住民は，アカシア・ニロチカを伐採し，トゥルバ向けの薪材として売り，収益を得ることができる．薪はトゥルバ周辺の農民にとって，貴重な現金収入源であった．同時にトゥルバの郊外，特に北方のチャド湖岸地帯には薪を供給しうる原野がかなり残っていた．トゥルバ住民にとって，アカシア・ニロチカの植林は重要な問題ではなかったのである．

(5) 住民から強く要望された井戸掘削

グループマン・ユニオン育苗場同様，住民側からのはたらきかけによっておこなわれたもう1つの活動は井戸掘削であった．トゥルバ周辺の住民育苗場は，水不足によって苗木生産が困難な状況にあった．水不足は苗木以前に人間の生存さえも脅かす．乾季が終りに近づく4月，5月，井戸の水位が低下する季節には，苗木用の水よりも生活用水が優先されたのは当然のことであった．トゥルバには太陽光発電ポンプで水をくみ上げる深井戸が町中に2ヵ所あり，使用料さえ払えば水の調達に苦労することはなかった．実際グループマン・ユニオン育苗場の水は，深井戸の脇に設置され，深井戸水を使用した．しかし，周辺の村落の住民は，生活用水の確保にさえも困難をきたしていた．

写真 10-5　住民の要望によって掘削された井戸

　このため「緑のサヘル」に対して，井戸掘削の要望が何度も寄せられた。
　問題は井戸掘削のための資金と人材であった。1997年になってようやく資金と技術者派遣の目処がたち，井戸掘削の準備がはじまった。井戸の場所は，トゥルバの南東約4kmに決定された。この井戸を利用する近隣10ヵ村からほぼ均等の距離にある場所だった。井戸のタイプは，セメントで側壁を固めた掘井戸であった（写真10-5）。援助によって多く掘られる手押しポンプ式井戸の場合，水のくみ上げには大変便利である。しかし，ポンプが故障した時の，部品調達が困難であったこと，水のくみ上げ作業は1人に限られることが問題であった。掘井戸ならば何人もの人間が同時に水をくむことができる。井戸が完成したのは，「緑のサヘル」がトゥルバで活動を開始してから5年後の1998年であった。しかし，井戸の掘削費用はバイリの場合と同様に約200万円と非常に高額なものとなった。

第11章　改良カマドの実際の使用条件下での効率

　前章で考察した「緑のサヘル」の砂漠化対処活動の変遷が示すものは，砂漠化の状況下にあるサーヘル・スーダンの人々と，植林を進めたいNGO側との離齬をいかに埋めていくかという問題であった。その背景には，サーヘル・スーダンの人々の日常生活と地球環境問題としての砂漠化理解の間の論理の乖離があったと考える。

　本章では，改良カマドの使い勝手に関する考察によって，二者の論理の違いを明確に理解してみたい。

　価格の問題と使い勝手の悪さは，改良カマド普及に際しての大きな問題点であった（Sow 1990, Douglas 1990）。しかし筆者は，チャドのいくつもの世帯で女性による料理を観察するうちに，改良カマドの効率性そのものも疑問視しはじめるようになった。

　そこで，「緑のサヘル」のプロジェクト地であったトゥルバの3世帯においておこなった調査結果から，改良カマドの実際の使用条件下での有用性について検討してみたい。

　改良カマドの普及は，バイリ地域が中心となって進められたが，トゥルバにおいても試験的に普及が試みられた。バイリで普及が試みられた改良カマドのタイプは二口粘土製カマドが主であったが，トゥルバでは金属製カマドの普及が試みられた（図10-5）。しかし，バイリ同様，改良カマドが目覚ましく普及することはなかった。

第1節　カマドをめぐる2つの合理性

1　援助側からみた改良カマドの合理性

　改良カマドの特徴と「緑のサヘル」の普及戦略を，もう一度確認する。アフリカでは普通，三ツ石カマドが料理に広く使用されている。三ツ石カマドとは，その名のとおり，3個の石を地面に置いただけの単純なカマドである。
　三ツ石カマドの長所は以下の7点にある。

① 　材料の入手が簡単なこと
② 　カマドの安定がよいこと
③ 　鍋の大きさに自由に対応できること
④ 　カマドの移動が容易なこと
⑤ 　どの方向からでも薪をくべることができること
⑥ 　大小さまざまな薪使用が可能であること
⑦ 　火力の調整が容易であること

　移動が容易であると，降雨の状況によって，カマドの位置を屋外，屋内と簡単に移動できる。高温のアフリカでは，屋内での料理は暑く，煙もみちてかなり苦しいが，屋外料理はそうした問題に悩まされなくて済む。さらに，薪をどの方向からでもくべることができると，火力の調節もしやすい。
　三ツ石カマドの材料は，石が利用されることが多い。石がない地域では，日干しレンガや自動車の鉄製廃棄部品が利用される場合もある。いずれにせよ身近にある材料を置くだけでカマドとして利用できる。
　他方，三ツ石カマドの欠点として，熱が石の間から外に漏れるために熱効率が悪く，料理用薪の浪費が問題視されてきた。そこで料理用薪消費を抑制するために，改良カマドの普及が試みられたのである。
　改良カマドとは，炎を金属板や粘土で囲み，炎を鍋の丸い底に効率よく当

写真 11-1　三ツ石カマド（左）と改良カマド（右）

てることによって熱効率を高め，料理用の薪消費を節約しようとするものである（写真 11-1）。「緑のサヘル」の調査によると，改良カマドを適切に使用した場合，薪消費は 35 〜 50 %節約できるという（緑のサヘル 1993）。改良カマドの普及は，多くの援助団体によってなされたが，燃焼効率を上げることによって薪の伐採を抑制しようとする点は共通している。

「緑のサヘル」が住民に対して強調した改良カマドの利点は，薪の節約効果，耐久性，移動性であったが，改良カマドが目覚ましく普及することはなかった。

改良カマドが普及しなかった原因として，第 1 に問題となるのはその価格である。材料費，鍛冶屋の手間賃，輸送費をもとに設定された改良カマドの価格は，先進国住民にとっては決して高価でないにせよ（3,000CFA フラン，約 500 円），現金収入の機会が乏しい地域住民にとって高価なものであった。

価格の問題は，改良カマド普及の大きな障害であった。そこで，「緑のサヘル」がとった戦略は，改良カマドの利点を住民に理解してもらうために，製造コストを下回る価格で改良カマドを販売することであった。その販売価格は時期によって異なったが，2002 年には，500CFA フラン（約 80 円）という安価で販売した。

2 使用者からみた三ツ石カマドの合理性

価格を下げたにもかかわらず,改良カマドの普及は進まなかった。

価格以外の問題として,改良カマドの使い勝手の悪さを指摘したい。

改良カマドは主食のビリ (biri) 料理に不便をきたすのである。ビリとは,カネム語で,トウモロコシやトウジンビエの製粉した粉を沸騰したお湯に混ぜて練り上げてつくる主食のことである。ビリを練り上げる作業は強い力で鍋の中をかきまわす必要がある(写真11-2)。

従来の三ツ石カマドの場合,石を自在に動かして鍋を3つの石の間にしっかりと固定することができ,鍋の中のビリを強い力で練り上げることができる。しかし改良カマドの場合,カマドの口径が固定されているので,鍋の大きさとカマドが合わず,鍋をしっかりと固定することができない。そのためビリを練り上げることは不可能である。こうした理由でビリ料理には,三ツ石カマドが適しているのである。いいかえると,口径が固定された改良カマドは,さまざまな大きさの鍋を使う女性の使い勝手が考慮されていないのである。

写真 11-2 ビリの練り上げ作業

改良カマドの特徴は，炎を囲うことによって燃焼効率の向上を達成することである。この特徴も，改良カマドの使い勝手の悪さにつながる。

また，三ツ石カマドならば，薪の形状や長さにあわせて自在にくべて，効率的に燃焼させることができる。それに対して改良カマドでは，焚き口が1ヵ所しかないため，薪をくべる方向が決まってしまう。また薪の大きさも決まってしまう。料理をする女性は改良カマドにあうよう薪を切りそろえなくてはならない。これも女性にとっては不便だ。

第2節　調査世帯の料理環境

1　調査対象と調査方法

調査対象はトゥルバに住む世帯A，世帯B，世帯Cの3世帯とした。調査内容は，調査対象世帯での料理方法の観察と薪消費の計測である。調査期間は，世帯Aでは2003年1月10日から2月8日までの30日間，世帯Bでは同年1月11日から2月9日までの30日間，世帯Cでは同年2月13日から24日までの13日間であった。

薪消費の計測は，昼食と夕食の料理に用いられた分についてのみおこなった。薪は朝食の準備には使用されなかったからである。朝食の準備は茶の用意のみで，それには薪ではなく炭が使用されていた。

計測は次の手順でおこなった。まず各世帯において料理をする女性に，料理をはじめる前に薪を準備してもらい，その重量を計測した。料理に使用する薪は，計測したものの中からとり，料理終了後に残った薪の重量を計測して料理に使用した薪消費を算出した。

調査対象となった世帯Aの家族構成は13人，世帯Bは7人，世帯Cは5人であった。ただし，世帯Aで食事をとっていた者は，同居家族だけではなく，近隣に住むA氏の次女とその3人の子どもたちに加えて筆者も世帯Aに寄宿していた。したがって世帯Aで食事をとる者の合計人数は18名であった。

2　調査世帯の食事内容

　調査した3世帯の基本的な食事内容を表11-1に示した。朝食は茶と揚げパンか茶のみをとる。調査した3世帯で飲まれていた茶は中国産の緑茶であった。しかし多量の砂糖を入れるので味はかなり甘い。昼食と夕食に食べられる主食穀物は，コメ，トウモロコシ，トウジンビエなどである。

　同じ穀物料理でもコメと他の穀物では料理方法が違う。コメは粒のまま鍋で時間をかけて炊かれる。トウモロコシやトウジンビエは，粉にされた後，沸騰したお湯に入れて一気に練り上げられる。だから料理に時間がかからない。先にも記したように，こうしてできるそばがきのような食べ物をカネム語でビリと呼ぶ（写真11-3）。

　ビリ以外の主食穀物料理としては，キサル（kissar）がある（写真11-4）。キサルとはクレープのように鉄板上で薄く焼かれた酸味がある食物である。

表 11-1　調査世帯の基本的な食事内容

	朝食／使用燃料	昼食／使用燃料	夕食／使用燃料
A家	揚げパン，茶／炭	コメ，ソース／薪	ビリ，ソース／薪
B家	揚げパン，茶／炭	コメ，ソース／薪	ビリ，ソース／薪
C家	茶／炭	ビリ，ソース／薪	ビリ，ソース／薪

注）揚げパンは出来合いのものを購入する。

写真 11-3　トウモロコシのビリとソース

写真 11-4　キサルとソース

ビリと同様にソースにつけて食べる。キサルの材料はトウジンビエやトウモロコシなどの穀物である。これも時間がかからない。

コメ、ビリ、キサルはソースと一緒に食べる。ソースは、肉、魚、野菜等を調味料と煮込んだものである。ビリ、キサル用に供されるソースにはオクラが入り粘り気があるが、コメ料理に供されるソースは粘り気がない。

写真 11-5　ソースがかけられたコメ

ビリ、キサルは、それを手でちぎって別の容器に用意されたソースにつけて食べる。そのためソースがよくからむようにソースに粘り気を出すのである。他方、コメの場合、食べる直前にソースをコメにかけて食べるためソースに粘り気は必要ない（写真11-5）。

3　薪の調達方法と薪用樹種

トゥルバの人々が利用する薪は、トゥルバ周囲では見つけることができない。薪はトゥルバから数 km から数十 km 離れた地域で伐採され運ばれてくるのである。通常、トゥルバの人々は自ら薪を集めにいくことはせず、店で薪を買うか、トゥルバ近郊の村落の住民から薪を買い入れる。今回調査した3世帯においても薪は購入することによって調達されていた。

3世帯の薪の購入方法と購入価格を表11-2に示した。

薪の購入方法は3世帯でそれぞれ異なる。世帯 A、世帯 B では、一度にまとまった量の薪をトゥルバ近郊の農民から直接買い入れる。世帯 C では世帯 A、B のように大量購入することはせず、市場の常設商店で1本ずつ購入する。

薪の値段は購入方法や樹種によって異なり、1kg 当たりの値段に換算すれば、11.6CFA フランから25CFA フランと大きな価格差がある。ただし一度に大量の薪を買ったからといってかならずしも値段が安くなるとは限らない。

表 11-2 調査世帯の薪購入方法

	樹種	入手方法	1回の購入量(kg)	運搬手段	価格(フランCFA)	1kg 当たりの価格(フランCFA)
世帯A	アカシア・セネガル アカシア・セイヤル（アカシア・セネガルと不選別）	直取引	90	ロバの背	1050～1700	11.6～18.8
世帯B	アカシア・セイヤル	直取引	200	馬車	3500～4000	17.5～20
	アカシア・ニロチカ	直取引	200	馬車	4500～5000	22.5～25
世帯C	アカシア・ニロチカ	常設商店で購入	4（1本）	ヒト（商店から家まで）	100	0.7

薪として使用される樹種は，アカシア・セイヤル（*Acacia seyal*），アカシア・ニロチカ，アカシア・セネガルの3種類であった。トゥルバの人々が薪としてもっとも評価する樹種は，アカシア・ニロチカで，次いでアカシア・セネガルとアカシア・セイヤルである。アカシア・ニロチカが評価される理由は固くて火もちがよいからである。

4 調査世帯で使用されていたカマド

各世帯で使用されているカマドには違いがある（表11-3）。世帯A，世帯Bで使用されていたカマドは，従来型の三ツ石カマドと改良カマドの2基であったが，世帯Cで使用されていたカマドは三ツ石カマド1基のみであった。トゥルバでは石がないために，三ツ石カマドの石には自動車の鉄製廃棄部品が利用されていた。

世帯A，世帯Bで使用されていた改良カマドは，「緑のサヘル」が普及を試みているもので，このタイプのカマドはトゥルバおよび周辺地域ではおよそ100世帯で使用されていた。世帯A，世帯Bは「緑のサヘル」が普及を進める改良カマドを受け入れた。しかし三ツ石カマドを捨てることなく改良カマドと三ツ石カマドを併用していた。その理由は，改良カマドはソース料理には適しているが，ビリ料理には不便をきたすからであった。

表11-3　調査世帯のカマド使用状況

カマドの種類	三ツ石カマド			改良カマド		
料理	ビリ		ソース	ビリ		ソース
穀物	トウモロコシ	コメ		トウモロコシ	コメ	
世帯A	+	+	-	-	-	+
世帯B	+	+	-	-	-	+
世帯C	+	-	+	-	-	-

　ビリの料理には，仕上げの段階で鍋の中のビリを強くかきまわす必要がある。それに対し，コメ料理は沸きたったお湯にコメを入れてそのまま煮るだけで，鍋の中をかきまわす必要がない。したがってコメ料理なら改良カマドでも不都合はない。しかし，世帯A，世帯Bではコメ料理にも三ツ石カマドを使用していた。他方，ソース料理は基本的に切った食材を煮込むだけなので，改良カマドを使用しても転倒する危険はない。

　世帯A，世帯Bでは，トウモロコシやコメなどの主食穀物の料理には，三ツ石カマド，ソースの料理には改良カマド，という使い分けをしていたのである。他方，世帯Cでは1基の三ツ石カマドで主食もソースも料理していた。

第3節　3世帯の料理方法の比較

1　世帯Aの料理と薪使用

(1) 家族構成

　世帯Aの主人A氏の職業は，環境省水森林局のトゥルバの責任者という立場の国家公務員であった。しかし，2002年に水森林局を定年退職した。A氏は森林局責任者であったと同時に，1993年からは筆者がかかわった「緑のサヘル」のトゥルバ地域の活動責任者となった。

　世帯Aの構成人数は13名であるが，世帯Aで食事をする人数は筆者を含めて18人であることはすでに記した。

(2) 食事内容

調査世帯の基本的な食事内容は先に記したが，世帯Aのもう少し具体的な食事内容は以下のとおりである。

世帯Aの1日の食事回数は3回であった。

朝食は揚げパンと茶のみである。揚げパンは小麦粉と膨らし粉を水で溶いて練ったものを油で揚げたものである。世帯Aではこの揚げパンをつくることはせず，揚げパンをつくる女性から毎朝購入する。茶は炭で用意するので朝食の準備には薪は使用されない。

昼食にだされる料理は，だいたい決まってコメとそれにかけるソースであった。ソースの具はヤギ肉とサツマイモのみであった。

夕食の内容はトウモロコシの粉を湯で練ったビリと，それにつけるソースであった。ソースの具は日によってかわり，ヤギ肉，干し魚，乾燥肉，ディエ（dié）と呼ばれるチャド湖産の藻を乾燥させたものが利用されていた。

写真11-6 薪を割る世帯Aの四女

(3) 薪の購入方法と使用方法

世帯Aで使用する薪は，A氏がトゥルバ近郊の農民から直接買い付ける。注文を受けた農民はロバの背に載せて薪を運んでくる。1度の買い付けで運ばれてくる薪の重量はおよそ90kgであった。薪1本当たりの重量はおよそ3〜4kgで，長さはおよそ100cm，太さは10cmとかなり大きい。この薪はそのままではカマドにくべることは不可能なので，世帯Aではこの薪を斧で割ってから燃やしていた。薪を割っていたのは四女（18歳）であった。

薪を割る時は，薪を地面に置き，足で薪の真中あたりを押さえて斧で縦に割っていく（写真11-6）。通常，薪は2つ割りにされる程度であるが，もとの薪がかなり太いものである場合，割られた薪をさらに2つに割ることがある。焚きつけに使用する薪はさらに細かく割る。焚きつけの時は細い薪を使用して火力を上げ，後に太い薪をくべ，火を安定させる。

(4) 料理手順

世帯Aで料理の中心となるのは四女である。四女が料理内容を決め，五女および同居の親族女性に作業を指図する。四女らが料理をはじめる時間は，昼食は朝の10時，夕食は午後の3時半とほぼ一定である。

料理手順はコメに混入している石を取り除く作業やソースの食材を切ることからはじまる。薪への点火はこの段階ですでになされている時もあれば，材料を切り終わってからなされる時もある。

火の強弱の管理も重要である。乾燥肉やディエなどの長く熱を加える必要のない食材を使う時は料理が早く終了し，その後ソースは食事時間まで弱火にかけられる。それに対して火の通りが遅い肉を使用したソースは，食事時間直前まで強火で煮込まれていた。

世帯Aの料理開始時間と食事時間はほぼ一定であるが，薪に点火するタイミング，消火するタイミングは日によってまちまちであった。

筆者が観察した限り，世帯Aで料理にかかわる女性たちは，薪消費についてそれほど神経質に注意を払うことはなかった。

(5) 料理された穀物の量

薪の計測に際して，料理される穀物量を把握するために，その量を毎回質問した。料理の中心的役割を担う四女は，毎回コロ（koro）の単位で筆者に答えた。

1コロは直径約25cmのボール型容器山盛り1杯である（図11-1）。コロという単位は市場において穀物，乾燥トマトや乾燥オクラなどの調味料を取り

引きする際に用いられるものであるが，日常生活における量の表現にもよく使用される。

市場ではトウモロコシやコメなどの穀物1コロは2.50kgの重さであるとされる（Bouquet 1974）。ところが四女が示した1コロのコメを実際に計測してみると約1.80kgであった。トウモロコシの場合はコメよりも重く約2.35kgであった。世帯Aでは昼食には通常1コロのコメ，夕食には2コロのトウモロコシを料理していた。つまり，昼食には1.80kgのコメ，夕食には4.70kgのトウモロコシを料理していたことになる。

世帯Aには頻繁に客人が来る。客が世帯Aで食事をとることも珍しくはない。しかし，客人が来た時でも世帯Aで料理される食事の量を増やすことはほとんどない。料理された食事はいくつかの盆に分けて盛られ，家族はいくつかのグループに分かれ食事をする。来客によってグループ数が増えた場合には，各グループの量を少量ずつ減らして対応する。

ただし，数人の客が一定期間確実に滞在することがわかっている時は材料の量を増やすことがある。実際，計測期間中の第12日から第15日の間は，滞在している数名の客がいたので昼食のコメの量を通常の1.5倍に増やした。

図11-1　1コロの穀物

2 世帯Bの料理と薪使用

(1) 世帯Bの概要と食事内容

世帯Bの主人であるB氏の生業は，トゥルバ近隣の定期市をまわって医薬品を販売する商人である。

世帯Bの構成人数は，8人である。ただしB氏は家を留守にしている時が多い。

世帯Bの食事内容はおおむね世帯Aのものと同様で，朝は揚げパン，昼はコメとソース，夜はビリとソースであった。

カマドは，コメとビリの料理には三ツ石カマド，ソースの料理には改良カマドと，世帯Aと同様に使い分けていた。

世帯Bにおいても料理する穀物の量を質問したところ，コロの単位で返答があった。実際に計測してみたところ，B氏夫人がいうコメ1コロは，世帯Aと同量の1.80kgであったが，トウモロコシ1コロは世帯Aの1コロ2.35kgよりかなり多い2.80kgであった。

世帯Bで通常料理される穀物の量は，昼食のコメも，夕食のトウモロコシも1コロであった。

(2) 薪の購入方法と使用方法

世帯Bの薪調達は世帯A同様まとめ買いするものであった。しかし購入する単位は馬車1台分およそ200kgであり，世帯Aが1回に購入する量の倍以上であった。購入された樹種はアカシア・ニロチカとアカシア・セイヤルであった。世帯Bに搬入される薪は世帯Aのものよりも太く，薪が到着するたびに人を雇って薪を割っていた。世帯Aのように薪をカマドにくべる前に女性が薪を割ることは稀であった。

世帯Bの薪の使用方法，すなわち鍋を火にかけるまでの燃焼時間，料理中の火加減，料理終了後の加熱時間の長短は，世帯Aと同様に日によってまちまちであった。

世帯Bで料理に携わっていたのはB夫人と長女，次女であったが，この3人は世帯Aの四女と同様に薪消費にはそれほど神経質な注意は払ってはいなかった。

3　世帯Cの料理と薪使用

(1) 世帯Cの概要と食事内容

世帯A，世帯Bはともに現金収入機会に恵まれ，構成人数が多いという共通した特徴をもっていたが，世帯Cはこの2家族とは性質が異なる。

世帯Cの構成人数は5人である。世帯Cの主人であるC氏はA氏と同じく森林局の責任者であるが，勤務地はトゥルバではなく単身赴任をしている。そのため普段は家にいない。しかし，そのかわり近所に住む親戚の女性が食事を一緒にとるので，世帯Cで食事をとる人数は5人のままである。

世帯Cの食事内容は，先にみた世帯A，世帯Bとはいささか異なる。朝食はとらないかお茶だけで済ます。昼食，夕食に使用される穀物は，もっぱらトウモロコシで，コメを料理することは稀である。料理されるトウモロコシの量は一定で，1コロ2.4kgであった。

トウモロコシのビリにつけるソースの具は，ほぼ毎日，乾燥牛肉であった。

(2) 薪の購入方法と使用方法

世帯Cも，世帯A，世帯Bと同様に，薪を購入していた。しかしC夫人は薪を市場の商店で小口買いする。

トゥルバで薪を小口買いする方法は2つある。市場の常設商店で買う方法と，個人の薪販売者から買う方法である。薪販売者とは，世帯Bのように薪を大量購入した後，1本単位で販売する人々のことである。C夫人が薪を買う場所は，トゥルバに数件ある薪販売商店の1軒である。

商店で売られる薪の樹種はアカシア・ニロチカが主流で，状況によってアカシア・セイヤルが販売される。商店主によれば，アカシア・ニロチカ以外の樹種では売れ行きが悪いという。商店で売られる1本の薪の重量はおよそ

4kgである。商店で薪を購入した場合には，自分で薪をもち帰らなければならないので，一度に購入する薪は1本から数本程度である。

　C夫人はこのように薪を小口買いし，自宅で割ってから使用する。C夫人が割って燃やす薪の大きさは，世帯Aや世帯Bのものよりも細く，短かった（写真11-7）。こうして細く割られた薪の点火に要する時間は，世帯A，世帯Bの太く割られた薪よりも早く，しかも点火後わずかの時間で強い火力を得ることができる。

写真11-7　世帯Cの調理場と細かく割られた薪

　筆者の観察によればC夫人の料理方法は，世帯A，世帯Bよりも手際がよかった。世帯A，世帯Bの料理は休みを入れながらゆっくりと料理するのに対し，C夫人の料理は，一度料理をはじめたら最後まで一気に仕上げていた。

第4節　薪消費量の差異

1　3世帯における薪消費量

(1) 世帯Aの薪消費

ここでは，実際に計測した3世帯の薪消費量について考察を進めていく。

　まず，世帯Aの30日間の薪消費量を図11-2に示した。30日間に計測できた回数は，昼食分として26回，夕食分として29回であった。昼食分が少ない理由は，世帯Aでは毎週日曜日，昼に料理をおこなわないからである。

　トゥルバに定期市が立つ日曜日には，多くの客人がA氏を訪問するため

に，A氏は昼食をとることができない。そこで世帯Aでは日曜日の昼食を準備せず，市場で購入したヤギの焼肉やパンなどを食べていたのである。

夕食分が1回欠如しているのは，料理をした女性が使用後の薪を他の薪と混ぜてしまったために計測することができなかったことがあったからである。

世帯Aにおける30日間の薪消費量1回当たりの平均値は，昼食分が4.89kg，夕食分が3.93kgであり，夕食分よりも昼食分の薪消費量の方が多かった。世帯Aの薪消費量は，昼食と夕食の間に0.96kgの差異がある。

昼食，夕食も日によって薪消費量に大きな差があった。昼食料理における最多消費量は10.9kg，最少消費量は1.9kgであった。その間には9.0kgもの差があった。最多消費量は最少消費量の5.7倍であった。ただし，この最少消費量は炭を用いて料理するキサルを料理した日のものであり，薪はソースの料理のみに使用された。昼食にコメを料理した日のうちの薪最少消費量は，2.5kgである。それでも8.4kgの差が生じ，薪の最多消費量は最少消費量の4.5倍であった。料理される量は変わらないにもかかわらずである。

夕食料理のための薪最多消費量は7.5kgであった。最少消費量は第22日の1.4kgであった。この場合も6.1kgの差があった。薪の最多消費量は最少消費量の5.4倍であった。

昼食・夕食別の薪消費量の分布をみたところ，薪消費量の差異は平均値を中心にして，多い場合と少ない場合がほぼ均等に分布していることが明らかになった（図11-3，図11-4）。こうした薪消費量の差は次にみる世帯Bにもみられた。

(2) 世帯Bの薪消費

世帯Bの薪消費量を図11-5に示した。世帯Bで計測できた回数は，昼食分，夕食分ともに29回であった。第30日は料理がおこなわれなかったので，料理用の薪は消費されなかった。

世帯Bにおける30日間の昼食，夕食それぞれ1回当たりの薪消費量平均値は，3.93kgと3.45kgであった。世帯Aと同様世帯Bにおいても，夕食分

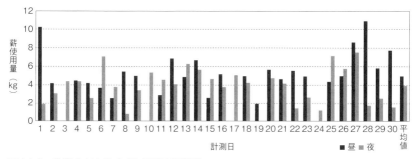

図 11-2　世帯 A における 30 日間の薪消費

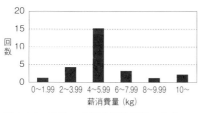

図 11-3　世帯 A の昼食用薪消費の分布　　　図 11-4　世帯 A の夕食用薪消費の分布

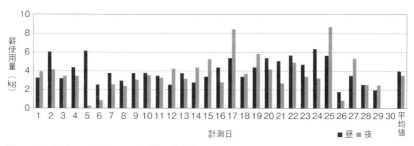

図 11-5　世帯 B における 30 日間の薪消費

よりも昼食分の薪消費量の方が 0.48kg 多い。

　世帯 B の薪消費量には大きな日変動がみとめられた。

　昼食のための薪消費量の最多は 6.3kg で，最少は 1.7kg，その差は 4.6kg であった。最多消費量は最少消費量の 3.7 倍に値する。

　夕食料理のための薪消費量の最多は 8.7kg，最少は 0.2kg であった。ただ

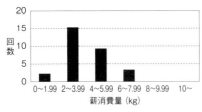
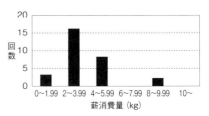

図 11-6　世帯 B の昼食用薪消費の分布　　図 11-7　世帯 B の夕食用薪消費の分布

し，最少消費量の日はビリをつくらず前日の残りのソースを温めたのみである。夕食に主食のビリとソースを料理した日のうちの最少消費量は 0.8kg であった。そのため夕食料理のための薪消費量の最多と最少の差は 7.9kg と，世帯 A の差よりも大きかった。最多消費量は最少消費量の 10.9 倍にもなった。世帯 A 同様に料理の度に大きな差がみられたが，平均値を中心にしてほぼ均等に分布していた（図 11-6，図 11-7）。

(3) 世帯 C の薪消費

　世帯 C における薪消費量の計測は，毎食ごとではなく数日ごとにおこなった。計測期間は 13 日と先に考察した 2 世帯に比べて短かった。したがって世帯 C の薪消費量については，13 日分の合計消費量と 1 回の料理当たりの平均薪消費量のみを算出した（表 11-4）。

　世帯 C における 24 回分の料理の薪総消費量は 23.8kg であった。1 回当たりの平均消費量は 0.99kg であった。

　計測期間中に世帯 C で料理された食事内容は，すべてトウモロコシのビリとソースであった。コメが料理されることはなかった。

　計測した世帯 C の 13 日分の薪消費量を 30 日分に換算すると，59.4kg になる。この値は世帯 A の 30 日分薪消費量 241.2kg の 24.6％，世帯 B の 30 日分薪消費量 222.7kg の 26.7％に相当し，世帯 C の薪消費量は世帯 A，世帯 B の 4 分の 1 ほどであったことがわかった（図 11-8）。

2 薪消費量の比較

調査対象となった3世帯間には，構成人数，食材，料理方法，1回の料理に使う穀物の量などさまざまな違いがある。そこで1人当たりの薪消費量と，穀物1kgとソース料理のための薪消費量を算出してみた。

(1) コメ料理とトウモロコシのビリ料理による薪消費量の違い

世帯A，世帯Bにおける昼食と夕食の薪消費量の違いにまず注目しよう。世帯A，世帯Bでは，昼食にはコメ，夕食にはトウモロコシのビリが主に料理されるが，どちらの世帯でも夕食より昼食の薪消費量が多かった。しかし，世帯Aと世帯Bでは料理された穀物量が異なる。そこで両家における，コメとトウモロコシそれぞれ1kgとソース料理に要した薪消費量を算出した（図11-9）。

世帯Aにおいて，コメ1kgとソース料理に要した薪は2.79kg，トウモロコシのビリとその分のソースに要した薪は0.83kgと，コメ料理に要した薪の方が3倍以上も多い。こうした傾向は世帯Bでも認められた。

表11-4 世帯Cの13日間の薪消費

	昼食	夕食
第1日	×	○
第2日	○	○
第3日	○	○
第4日	○	○
第5日	○	○
第6日	○	○
第7日	×	○
第8日	○	○
第9日	○	○
第10日	○	○
第11日	○	○
第12日	○	○
第13日	○	○
合計	23.8kg	
平均	0.99kg	

○：料理がおこなわれ薪消費を計測した
×：料理がおこなわれず薪消費を計測しなかった

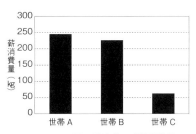

図11-8 30日間の薪消費の世帯間比較

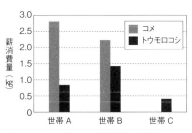

図11-9 食材による薪消費の差異

世帯Bにおいてコメ料理に使用した薪消費量は2.24kg，トウモロコシのビリ料理に要した薪は1.40kgと世帯Aほどの差ではないにしろ，コメ料理がトウモロコシ料理の1.6倍の薪を使用していたことが明らかになった。
　コメ料理に関する薪消費量を，世帯A，世帯Bの間で比較してみると，世帯Aが世帯Bよりもわずかに多くの薪を使用していたがほぼ同量である。他方トウモロコシ料理の場合，世帯Bの薪消費量が世帯Aよりも1.7倍多かった。
　世帯Cにおけるトウモロコシ1kgとソースに必要な薪消費量は0.41kgであった。この数値は世帯Aの50％，世帯Bの30％であった。

(2) 1人当たりの薪消費

　3世帯における1人当たり30日間の薪消費量を図11-10に示した。ここでは10歳未満の者の食事摂取量は10歳以上の者の半分，したがって薪消費量も半分であると仮定した。
　先に記したとおり，各世帯で食事をとっていた人数は，世帯Aでは筆者を含めて18人，世帯Bでは7人，世帯Cでは5人であったが，上の仮定にしたがって大人の人数に換算すれば世帯Aでは13人分，世帯Bでは6.5人分，世帯Cでは4人分の食事を用意したことになる。

① 世帯A：世帯Aの1人1食当たりの平均薪消費量は，昼食では0.37kg，夕食では0.29kgであった。昼食と夕食を合わせた1人1日当たりの消費量は0.66kgであった。この数値をもとに算出した世帯Aの1人当たり30日間の薪消費は19.8kgであった。
② 世帯B：世帯Bの1人1食当

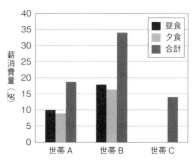

図11-10　1人当たりの30日間の薪消費量の世帯間比較

たりの平均薪消費量は，昼食では 0.60kg，夕食では 0.53kg であった。1人当たり1日の薪消費量は 1.13kg である。世帯 B の 1 人当たり 30 日間の薪消費量は 33.90kg であった。

③ 世帯 C：世帯 C での薪消費量計測は毎回おこなわず，数日に 1 回の割合で計測をおこなったため，昼食，夕食別の数値は不明であるが，1 回の料理に使用される薪消費量は平均 0.99kg であった。1 人当たりでは 0.25kg である。1 人 1 日当たりの薪消費量は 0.50kg であった。世帯 C の 1 人当たり 30 日分の薪消費は 15.00kg になる。

これらの計算からわかるとおり，3 世帯の中で 1 人当たりの薪消費量がもっとも少なかったのは世帯 C であった。世帯 C の 1 人当たりの薪消費量は世帯 A の 75.8％，世帯 B の 45.2％である。1 人 1 食当たりの消費量がもっとも多い世帯 B の 1 人当たりの 30 日間の薪消費量は，世帯 C の 2 倍以上であった。

3 薪消費の 3 つの差異

以上の結果から，次の 3 つの差異に注目したい。

第 1 点は，同一世帯でも料理のたびに薪消費量にかなり大きな差異が生じたことである。毎食の薪消費量を計測できなかった世帯 C ではこのことははっきりと確認できないが，世帯 A では 5 倍前後，世帯 B では 10 倍以上という大きな差異が確認できた。

第 2 点は，コメ料理とビリ料理の間に薪消費量の差が生じたことである。世帯 A では，コメ料理の薪消費がビリ料理の薪消費の 3 倍以上であった。世帯 B においても同様で，コメ料理にはビリ料理の 1.6 倍の薪を要していた。

第 3 点は，調査世帯間で薪消費量に大きな差異があることである。1 人当たり 30 日間の薪消費量を単純に比較しても，世帯 B の消費量がもっとも多く 33.76kg，次いで世帯 A の 18.54kg，世帯 C の 13.73kg の順であった。世帯 C における料理用の薪消費量はかなり少なく，世帯 A の 74％，世帯 B の 40％であった。トウモロコシのビリとソース料理のみで 3 世帯で比較する

と，世帯 C は世帯 A の 50％，世帯 B の 33％の薪しか消費していなかったのである。

第 5 節　薪消費量に差異が生じる理由

なぜこのような薪消費の差異が生じるのか。以下では，3 世帯の料理方法の観察から上に記した 3 つの差異について考えてみたい。

1　料理のたびに差異が生じる理由

まず各世帯において，料理に際して薪への点火の時間，消火のタイミングはまちまちであることはすでに述べた。特に世帯 B における薪消費量の差異は，世帯 A よりも大きかった。その理由は，筆者の観察によれば鍋にかけるまでの燃焼時間，料理終了後の加熱時間が世帯 A よりも長かったからである。

2　コメ料理とトウモロコシのビリ料理の間に差異が生じる理由

コメとビリの料理の方法の違いも薪消費量に影響する。コメは鍋に入れて煮なければならない。そのためコメを炊き上げるまではかなりの時間を要する。

それに対し，ビリ料理は製粉したトウモロコシを沸騰した湯に混ぜ，練り上げるだけである。したがって，コメ料理ほど加熱時間を要しないのである。

こうした料理方法の違いがコメ料理とビリ料理の間の薪消費量の差に結びついていると考えられる。

3　ソース料理の違いから差異が生じる理由

次に，食材による料理時間の長短を考察する。

コメとトウモロコシのビリ料理における料理時間の差異はすでに述べたが，ソースの具として利用される具材でも違う。ソースの具材となるのは，

ヤギ肉，干魚，ディエ，乾燥肉などであるが，このうちヤギ肉と干魚は柔らかくなるまで長時間煮込む必要がある。他方，ディエや乾燥肉は柔らかくなるまでさほど時間はかからない。こうしたソースの具材の違いが薪消費量の差異につながっていく。つまり肉，干魚を料理する時の薪消費量は多く，ディエや乾燥肉を料理する時の薪消費量は少ない。ソースの具材によって薪消費量に差異が生じるのである。

第6節　世帯Cの薪消費量が世帯A，Bよりも少なかった理由

　先にみたように1基の三ツ石カマドを使用する世帯Cの薪消費量は，1人当たりでみても，穀物1kg当たりでみても，三ツ石カマドと改良カマドを併用する世帯A，世帯Bよりも少なかった。
　世帯Cの薪消費量が少なかった理由を世帯A，世帯Bと世帯Cの間の料理方法，食材の違いに着目して4点あげてみよう（表11-5）。
　第1点は使用する穀物の違いである。世帯A世帯Bでは夕食にはトウモロコシのビリを料理するが，昼食には火が通るのに時間がかかるコメを料理する。それに対し，世帯Cでは昼食，夕食ともにすぐ料理できるビリを料理していた。すでに記したとおり，コメの料理はトウモロコシのビリ料理に比べて加熱時間が長い。コメを日常的に料理しない世帯Cでは，少量の薪で料理をすることが可能になるのである。
　第2点は使用するカマド数の違いである。世帯A，世帯Bで使用されていたカマドは三ツ石カマドと改良カマドの2種類を併用していたのに対し，世帯Cで使用されるカマドは1基の三ツ石カマドだけであった。
　カマドで煮炊きをする際，加熱料理が可能な程度に強い火力を得るためには，点火からしばらく時間がたたなければならない。さらに加熱料理終了後の薪燃焼時間も薪消費に大きく影響する。
　世帯A，世帯Bは2基のカマドを使用するために，火力が上がるまでの燃焼時間，加熱料理終了後に無駄に燃焼する薪が，世帯Cよりも多くなる

表11-5 世帯Cの薪消費効率が高い理由

世帯Cと世帯A, Bの違い		世帯C	世帯A, B	世帯Cの方法が薪消費効率に有利な点
1-1	カマド種類・数	従来型1基	従来型1基＋改良型1基	1基でソースとビリを連続して料理
1-2	薪の燃焼時間	料理終了後すぐ消火	料理終了後も微燃焼	薪の無駄な燃焼がない
2	穀物	トウモロコシ中心	コメとトウモロコシ	トウモロコシのビリは料理時間が短く薪消費が少ない
3	ソース食材	乾燥肉が中心	乾燥肉，肉，干魚	乾燥肉は肉や干魚よりも火の通りが早い
4	薪の割り方	細かく短く割る	太く長く割る	点火後すぐに調理可能

のである。

　第3点はソースに利用する食材の違いである。世帯A，世帯Bで使用するソースの具は，ヤギ肉，干魚を利用することが多かった。それに対して，世帯Cで料理されるソースの具は，毎日乾燥肉であった。乾燥肉は薄くそのままでも食べることができ，肉や魚よりも火の通りが格段に早い。よってソース料理に時間がかからない。

　第4点は薪の割り方の違いである。C夫人が割って燃やす薪の太さは，世帯A，世帯Bよりも細かった。C夫人が購入する薪の重さは約4kg，長さは約130cm，直径は8～10cmほどである。C夫人はその薪を直径およそ4cm，長さ50cm程度に細く，短く割って料理に使用していた。こうすることによって短時間で強い火力を得ることができ，薪に点火した後，直ちに加熱料理をはじめることができるのである。

　世帯Cにおいて薪の消費量が少なかったのは偶然の出来事ではない。C夫人は自分で薪を購入するため，薪を効率よく使用し節約することを念頭において料理をしていた。世帯Aと世帯Bでは大量の薪を一括して購入し，主人のA氏，B氏が薪代を支払う。その結果，料理に従事する女性は薪の購入費用に関心を払わない。それに対し，C夫人は自ら薪費用を管理し薪を

買いに行く．そして世帯 C では世帯 A，世帯 B のように薪を大量購入することはない．このような世帯 C の薪の調達方法が，C 夫人に薪の効率的な使用を意識させた大きな要因であると考えられる．

これまでの考察から実際の使用条件下での薪消費は，カマド自体の性能よりも，カマドの数，食材，薪の割り方の影響をより強く受けることが明らかになった．改良カマドを単に導入するだけでは，薪消費の抑制には結びつかなかったのである．

サハラ南縁地域では 1980 年代半ばから 90 年代にかけて，世帯における薪消費を抑制することを目的として，多くの援助団体が改良カマドの普及を手がけた．しかし，改良カマドが目覚ましく普及することはなく，多くの住民たちは従来型の三ツ石カマドを使い続けた．

熱効率がよいと考えられた改良カマドは，援助する側にとっては論理的に非常に明快なものであったからこそ，多くの援助団体がこぞって導入しようとした．そうした援助側の意図に反して，改良カマドが当初の狙いどおりに普及しなかった要因は，カマド自体の燃焼効率ばかりに着目し，住民の食生活，料理方法，世帯経済という地域の視点を考慮しなかったことにある．

終章 サーヘル内陸国チャドの貧困・紛争・砂漠化の構造

本書において，強調してきたように，チャドが直面する貧困，紛争の根本的要因は，植民地化によるチャドの内陸化にある。結論としてこれまでの議論をふまえつつチャドの貧困・紛争・砂漠化の構造を考察する。

第1節 貧困の構造

サーヘル内陸国チャドの貧困の根源は，植民地化による内陸化（アンクラーブマン）にある。内陸化に起因する諸々の影響のうちもっとも重大なものは，近隣地域からの分断，宗主国への物流拠点となったギニア湾岸への輸送の困難さ，南部に偏重した開発の3点であった。これに国土交通システムの不在が加わりチャド貧困の要因となった。

1 内陸化による近隣地域からの分断

チャドの貧困の第1の要因は，内陸化による近隣地域との分断である。

歴史的にみれば，チャドは内陸ではなくむしろサハラの岸辺であった。サハラ南縁イスラーム文明の発達を刺激したのは，北アフリカとチャド盆地を結ぶサハラ横断交易であった。このサハラ横断交易を介して，イスラーム文明が北アフリカからサハラ南縁に到達したのである。歴史的意味において，岸辺を意味するサーヘルは，アフリカにおけるイスラーム文明の先進地帯で

あったのである。

　しかし，ヨーロッパ列強による机上のアフリカ分割は，サハラ南岸の「港」であったサーヘルを，その歴史的文化的な近隣地域との関係を断ち切るかたちで内陸化してしまい，サーヘルという語は貧困と結びつくようになる。

　植民地化がチャドにもたらしたものは，北のサハラを向きながらも，東西へも開いていた植民地化以前のチャドの物流・交流体系の分断であり破壊であった。チャドの北に位置するリビアはイタリア，西のナイジェリア，東のスーダンはイギリスに，西のカメルーンはドイツ領となった。サーヘル内陸国の中でもチャドはこうした分断，破壊の最大の被害者であった。

2　困難なギニア湾岸への輸送

　チャドの貧困の第2の要因は，ギニア湾岸への輸送の困難さである。

　植民地化がアフリカ内陸部にもたらしたものは，陸中心の交通体系から海中心の交通体系への転換であった。この転換もチャドを経済的に内陸化させてしまう。チャドの場合，植民地体制下の物流体系は，それまでの北方のサハラを介したものから，フランス本国への物流拠点となった南方のギニア湾岸へと到達するルートに限られた。

　しかし，ギニア湾岸への輸送には多くの問題があった。その困難とは，第1にルート上に立ちはだかる熱帯雨林地帯や急峻な山地である。チャドからギニア湾岸への主要物流ルートは，仏領赤道アフリカ領内のみを通過するウバンギ・シャリ・ルートであった。しかし，このルートは現中央アフリカの熱帯雨林山地帯を通過する脆弱なものであった。後にカメルーン・ルートの整備によってギニア湾岸へのアクセスは若干改善されたが，チャドの内陸状態がはなはだしく改善されることはなかった。

　第2の困難は，英領ナイジェリア，独領カメルーン（1916年まで）を経由する場合の他国領通過であった。他国領の通過は，フランスとの関係悪化によって使用不可能となる危険性が高かった。それゆえ植民地下におけるチャドの重要な輸出産品であった綿花は，輸送の制約を受け，大々的に発展する

ことはなかった。

　内陸国チャドからギニア湾岸への輸送問題は2003年からはじまった石油輸出においても同様であった。チャドから輸出される石油は，ギニア湾岸への1,000kmにも及ぶパイプラインによってギニア湾岸まで輸送される必要があった。このパイプラインの90％以上はカメルーン内を通過する。チャド政府の取り分は，事業に参画する石油3社とカメルーン政府の取り分を総輸出額から差し引いた12.5％にしかならない。しかもパイプラインの建設費用の一部を世銀からの融資によってまかなったため，石油収入の85％をチャド国民の利益向上のために使用する条件を義務付けられている。2013年の石油輸出額は42億ドルであったが，政府の収入額は5億ドル，政府裁量分は0.8億ドルにすぎない。しかし，現状では反政府勢力対策のために，世銀の融資条件として課されたチャド国民の利益向上に使用される分までも軍備増強に使用されている。

3　西部，南部偏重開発と国土交通システムの不在

　チャドの貧困の第3の要因は，国内経済の不均衡である。

　フランスの植民地経営の中心はチャド西部と南部であった。その理由は，第1に植民地期に推進された綿花，イネ，ラッカセイの栽培条件に適していたこと，第2にチャド西部と南部は人口稠密地帯で十分な労働力が確保可能であったこと，第3に西部と南部がギニア湾岸への輸送に有利であったから，第4に，北部のイスラーム文化と牧畜文化が植民地化の敵対勢力とみなされたからであった。

　さらに，チャド北部のサハラ，サーヘル帯では，その乾燥条件を生かした牧畜，オアシス灌漑農業，穀物農業が営まれてきたが，それらの産品は宗主国フランスに資するものではなかったし，輸送ルートが未整備のチャド北部からギニア湾岸への物資輸送は不可能であったという理由もある。また分断によってリビア経由のサハラ・ルートも使用できなかった。

　西部と南部偏重の開発は，国土交通システム不在のチャド経済の発展の大

きな障害となった。鉄道が敷設されなかったチャドの物流は,現在でもトラック輸送に頼らざるを得ない状況にある。チャド全土における道路の舗装延長は1,000kmにも満たず,広大な国土に比してごく僅かである。舗装区間も首都ンジャメナと経済的重要地帯であるチャド西部,南部を結ぶ道に偏っている。

　このことは貧困状況が続く,チャド国家経済の動脈である物流に重大な悪影響を与える。たとえば食糧の流通だ。第2章で論じたように,チャド南東のサラマット県では,12万tものベレベレが生産されるが,ンジャメナまでの舗装道路がないために,その供給先はチャド南部にとどまるのである。

第2節　紛争の構造

1　経済構造

　チャドの紛争の第1の要因は,内陸国チャドの経済構造と関連する。

　歴史上発展したサハラ南縁イスラーム文明下において,先進地であったチャド北部の砂漠地帯とサーヘル地帯は植民地経済から取り残されたばかりではなかった。サハラ横断交易で結びついた北アフリカ,東西交易路で結びついたナイジェリア,スーダンとの分断による,チャド北部の内陸化の度合いは,チャドの中でもことさら強かった。

　そのためチャド北部の経済は,自給的なものにとどまりチャド国家経済システムに実質的に組み込まれることはなかったのである。チャド東部の経済も同様であった。こうした国土内の経済的不均衡が地域格差を生み出し,紛争へと結びついていった。

2　国土統治システムの不在

　第2の要因は,国家統治力の問題である。破綻国家といっても過言でないほどのチャドにおいては,公務員給与の遅配が常態化しているばかりではなく,地方統治のための資金配分さえ滞る。そもそも統治基盤であるチャド国

内のインフラ・ストラクチャーの建設が著しく遅れている。チャドの国土統治システムが機能不全状態にあることも紛争が多発する要因である。

3　反政府勢力と近隣諸国との結びつき

　第3の要因は，反政府勢力と近隣諸国との結びつきである。

　チャドは植民地化に起因するまったく恣意的につくられた国家構造をもつ。チャドには，言語，宗教，生業，文化が異なる多数の民族が存在する。人工内陸国家チャドの形成はこうした多民族の国民化を意味したが，それは限りなく不可能に近いことであった。紛争調停会議や反政府勢力名に「国民（National）」という語が使用されることは多民族統合の困難さを逆説的に象徴する。

　植民地開発と対応する教育における南部優遇もチャドの分裂につながった。植民地期，西部と南部には多数の小学校が建設され，フランス語による学校教育が推進された。フランス語の浸透は，アフリカのフランス植民地間の結びつきを強めた。チャド初代大統領トムバルバイもそうした結びつきの中で政治権力を強めていった。

　他方，チャド北部は歴史的に北アフリカとの結びつきが強く，チャド東部はスーダンとの結びつきが強かった。チャド北部，東部の地域共通語が北アフリカ，スーダンで広く話されるアラビア語であることからも，その結びつきの強さが理解できる。

　第3代以降の北部出身大統領は，反政府勢力時代よりリビアあるいはスーダンからの支援を受けたことが，政権奪取に結びついた。グクーニはリビアのカダフィからの支援を受け，ハブレとデビはスーダンからの支援を受けていた。リビア，スーダンによるチャド反政府勢力への支援は，歴史的文化的親和性をもつ近隣諸地域との分断によって恣意的に形成された，人工多民族国家チャドの成立を考えると当然の結果であった。

第3節　砂漠化の構造

　チャドの砂漠化の問題点は，砂漠化を「土地の劣化」という点に収斂させてしまう砂漠化定義によるところが大きい。「土地の劣化」が過度に強調されてしまうと，砂漠化がもたらす多様な問題が見えにくくなってしまうこともある。

1　砂漠化理解の問題点

　サハラ南縁は，気候の乾湿変動に長年見舞われてきた地域である。それゆえ，サハラ南縁の諸社会には，気候変動に対する防御システムを備えていた。第9章で考察したチャド湖東岸から南岸への移住，チャド湖南岸の多生業経済もそうした防御システムの一端である。

　しかし，1969年よりはじまった激しい干ばつ状況下では，従来の防御システムでは対応しきれない事態が生じたことも事実である。この干ばつが砂漠化として理解されたため，多くの問題が浮上した。

　第1は，砂漠化定義の問題である。砂漠化が「土地の劣化」と定義され強調されたがゆえに，それ以外の多様な問題点は砂漠化とはみなされにくくなってしまった。チャドの場合，本書で強調してきたように，貧困，紛争というサーヘルの自然や歴史に深くかかわる多々の問題を抱える。チャドの人々にとって砂漠化は，貧困，紛争と同様に生活およびその基盤の破壊であった。そのことをみえにくくするのが「土地の劣化」に偏重した砂漠化の問題設定である。

　第2は，砂漠化の人為的要因の問題である。砂漠化の人為的要因としての「過耕作」「過放牧」「過伐採」の問題視は，砂漠化地域で生きてきた人々が積み重ねてきた「乾燥地の知恵」を軽視した発想でもある。こうした発想は，乾燥地で育まれてきた在来知の否定と，砂漠化地域で実用化不可能な近代技術の安易な導入につながってしまう。

第3は，砂漠化定義における構図の曖昧さである。自然要因と人為的要因からなる砂漠化では，問題の所在が不明確で，実効的な砂漠化対処への際の障壁ともなる。自然要因のうちもっとも重要であるのは，地球規模の気候変動であるが，これはどちらかというと経済先進国および新興国における経済・生産活動に起因するところが大きい。さらに，砂漠化問題は地球環境問題と理解される割には，地域レベルでの対処に視点が偏りがちである。それゆえ人為的要因のみが過度に強調されてしまう。地球規模の自然要因への対処と地域レベルの人為的要因への対処を，適切なバランスで実施するべきであろう。

　こうした砂漠化問題の背景には「砂漠」という言葉への理解不足もあった。砂漠化は英語の desertification，フランス語の désertification の訳語であるが，本来 desert という語には，乾燥地，湿潤地を問わず「荒地」という意味をもっていた。それが日本語化する際に「砂漠」となり，砂漠を知らない日本人に対して，偏った砂漠化理解をもたらした要因ともなった。

2　実効性が低かった砂漠化対処

　「緑のサヘル」の砂漠化対処活動は，筆者が参加した期間においては住民が抱える諸問題の包括的解決には結びつかなかった。以下その要因を2つあげる。

　第1は，「土地の劣化」に偏重した砂漠化理解に起因する。「土地の劣化」という砂漠化定義は，1994年に採択された国連砂漠化対処条約における定義であるが，それ以前から砂漠化対処としての植林はサハラ南縁乾燥地において広範におこなわれていた。植林に偏重した砂漠化対処は1990年代初頭においてすでに見直される傾向にあり，住民の生活改善を重視した砂漠化対処が模索されていた。しかし，「緑のサヘル」の砂漠化対処活動の中心は，生活改善を視野に入れつつも，植林を中心としたものであった。確かに，果樹などの現金収入をもたらす樹種は，住民によって歓迎された面はあるが，ある程度の本数を植えてしまえば，住民にとって植林はそれで十分であっ

た。植林活動のみでは，生活改善という住民の現実的な問題解決を満たすことができなかったのである。改良カマドの問題にもこれと共通する論理がうかがえる。

その背後には，植林活動は結果を可視的に示すことができるという援助する側の都合があった。実は現場レベルにおいて，筆者は活動内容の多様化の重要性を認識してはいたが，それを砂漠化対処活動に十分に反映させることはできなかった。

第2は，プロジェクトの戦略にかかわる問題である。住民の生活改善を経済面から考える場合，自給経済の改善と，商品経済の促進という2つの方向性がある。「緑のサヘル」が当初おこなおうとした農業改善は前者に対するものである。しかし住民が望んだ農業改善は，希望者数として多くはなかったが，野菜などの換金作物の栽培，換金も自給も可能なコメやダイズ栽培の導入であった。

1990年代，日本のNGO活動は黎明期にあり，筆者の経験においては場当たり的な対処が多かったように感じる。ただし，こうした場当たり的対処を組織として蓄積させていくことは，NGO活動において必要な経験である。

団体設立後15年が経過した2006年以降，「緑のサヘル」の活動方針は，それまでとは反対の論理をするようになった。つまり「植林を中心に据えた砂漠化対処・生活改善策」から，「環境保全を可能にする生活改善」という転換である。15年の歳月をかけての「小さな一歩」といえるかも知れないが，「小さな一歩」を重ねることによって，住民の実態により即した実効的な活動となることを期待したい。

地球環境問題としての砂漠化に関する議論では，本書において論じてきたような地域構造とその変容に対する関心が置き去りにされ，「貧しいサヘル」という認識が前提となってきた。サヘルを貧しい地域として固定化させてしまっているこの認識こそが，砂漠化の背後に潜む大きな問題点でもある。

あとがき

　23年前，はじめてチャドに着いた時のことを今でも鮮明に覚えている。ンジャメナの空港から「緑のサヘル」事務所までの道すがら，目に入ったのは閑散とした街並みであった。「何もないところだ」というのがその時の印象であった。ここから3年8ヵ月に及ぶ，チャドでの砂漠化対処活動の現場駐在員生活がはじまった。

　正直をいえば，この3年8ヵ月は，私にとって非常につらい期間であった。その理由は，海外経験，NGO経験に乏しい私が，バイリの活動事務所の多岐にわたる業務を担うことの重圧にあった。私の赴任当時，すでに十数人のチャド人スタッフがバイリのモデル農場で働いており，うち2人はマリの農村理工学院（Institut Polytechnique Rural）を修了した優秀な人材であったが，赴任したての私は，コミュニケーションのためのフランス語力にも事欠くありさまであった。農学部を卒業したものの植林，農業に対して，私はまったくの素人であり，専門的かつ大局的な観点から砂漠化対処活動に貢献できていたのか否かはいまだもって懐疑的である。

　また，バイリ，トゥルバの人々と必要以上に親密になることも警戒していた。それは，親密ゆえに頼まれる要望を，必要以上に警戒していたからであった。こんな滞在が楽しいわけがない。そして，活動3年目くらいになると，バイリやトゥルバの人々がどのように生活しているのかさえ理解できていないことに我ながら愕然としたのである。

　こうした理由で，チャドのこと，チャドの人々のことを理解すべく大学院で研究活動を始めた。「緑のサヘル」の離任後に，あらためてトゥルバを訪れたのは1999年のことであった。一人で飛び込んでみてはじめて，トゥルバの人々が，私にとって優しく頼もしい友人であることが理解できたのである。それは再会した「緑のサヘル」のチャド人スタッフも同様であった。

205

以来，私のチャド行きは，乾燥地の人々の生き方，乾燥地が本来もつ豊かさに出会う場となった。はじめてチャドの首都ンジャメナを見た時もった印象，つまり「何もない」は，私が「何も気づかなかった」だけのことであると，今では思い至っている。

　本書の研究の核心の1つは，砂漠化対処活動を批判的に再検討することであったが，それはいうまでもなく私自身に対する自己反省でもある。私自身の力量不足を痛感しながらかつてかかわった活動に批判的に接することは，非常につらい作業であったが，周りの方々に助けられながら一冊の書物として刊行できた。

　本書のもととなった博士論文の執筆のために，丁寧なご指導を賜った嶋田義仁名古屋大学大学院文学研究科教授（現中部大学客員教授），本書の出版にご尽力いただいた田中樹総合地球環境学研究所教授に，政情不安のため渡航が事実上不可能になった2006年以来会えていないチャドの友人たち，私を見捨てず特定非営利活動法人化の機会に理事に加えていただいた「緑のサヘル」の歴代関係者のみなさま，衛星画像に関する支援をいただいた総合地球環境学研究所の蒋宏偉さんと手代木功基さん，編集の労をとっていただいた昭和堂の松井久見子さん，亀谷隆典さんに一方ならぬ感謝の意をあらわしてあとがきとしたい。

　　　2016年9月

石山　俊

本書に関する現地調査

(1) 1993 年 11 月〜 1997 年 5 月：NGO「緑のサヘル」チャドプロジェクト駐在中における継続的調査
(2) 1999 年 3 月〜 5 月：チャド湖南岸地域における砂漠化対策に関する調査（研究代表者：住友財団環境研究助成 1998）
(3) 2002 年 10 月：国際緑化推進センター助成事業 2002：チャド国モンゴ地区における植林を中心とする環境保全プロジェクトのための基礎社会調査
(4) 2002 年 12 月〜 2003 年 8 月：チャド湖南岸地域における生業と生活に関する調査（研究代表者：トヨタ財団研究助成 2002）
(5) 2006 年 1 月〜 2 月：チャド湖南岸地域における天水農業および氾濫原農業に関する調査（研究協力者：科研費基盤研究（A）アフリカ・イスラーム圏における白色系民族と黒色系民族の紛争と共存の宗教人類学研究，研究代表者：嶋田義仁名古屋大学大学院文学研究科教授）

初出一覧

　本書は，2014 年に名古屋大学大学院文学研究科に提出した博士学位論文「サーヘル内陸国チャドの環境人類学──貧困・紛争・『砂漠化』の構造」と以下の既発表論文をもとに，加筆修正をしたものである．

(1) 1999「トゥルバ日記 1 ──トゥルバへの道」『La forêt, c'est la vie, 森こそ命』11，緑のサヘルニューズレター，p.8.
(2) 1999「トゥルバ日記 2 ──ムスタファ家の人々」『La forêt, c'est la vie, 森こそ命』12，緑のサヘルニューズレター，p.8.
(3) 2000『サヘル地域における農村の問題と環境支援──砂漠化対策をめぐる NGO 活動を通じて』静岡大学大学院人文社会科学研究科提出修士論文．
(4) 2000「トゥルバ日記 3 ──マルシェの 1 日」『La forêt, c'est la vie, 森こそ命』

13, のサヘルニューズレター, p.8.

(5) 2000「トゥルバ日記 4——トゥルバの店あれこれ」『La forêt, c'est la vie, 森こそ命』14, 緑のサヘルニューズレター, p.8.

(6) 2000「トゥルバの日記 5——マッソン二代, 親子鷹」『La forêt, c'est la vie, 森こそ命』15, 緑のサヘルニューズレター, p.12.

(7) 2000「トゥルバ日記 6——犠牲祭」『La forêt, c'est la vie, 森こそ命』16, 緑のサヘルニューズレター, p.10.

(8) 2001『サーヘル地域における砂漠化防止活動と農村開発——環境 NGO「緑のサヘル」のチャドにおける 10 年』広島大学総合地誌研究資料センター研究叢書 37.

(9) 2004「援助する側から援助される側にかわってみえてきたアフリカ」『沙漠誌ノート——乾燥地の自然と文明』1, 日本沙漠学会沙漠誌分科会ニューズレター, pp.1-2.

(10) 2005「チャド湖の「ごはん」」『沙漠誌ノート——乾燥地の自然と文明』3, 日本沙漠学会沙漠誌分科会ニューズレター, pp.10-12.

(11) 2006「チャド湖の馬旅」『沙漠誌ノート——乾燥地の自然と文明』4, 日本沙漠学会沙漠誌分科会ニューズレター, pp.6-8.

(12) 2006「サハラ南縁地域の家庭における改良カマド——実際の使用条件下での有効性について」『沙漠研究』16 (11), pp.39-51.

(13) 2006「チャド湖地方におけるカネムブの南進——移住時期と要因の考察」嶋田義仁編『アフリカ伝統王国研究 III——アフリカ伝統王国の不平等階層性と多部族的・超部族的地域形成をめぐる理論的研究』科学研究費補助金基盤 B 報告書, pp.339-354.

(14) 2007「チャド盆地の地域史と農牧業」池谷和信・竹内進一・佐藤廉也編『アフリカ I　朝倉世界地理講座——大地と人間の物語 11』朝倉書店, pp.234-249.

(15) 2007「天水農業限界地域における穀物生産とモラル・エコノミー——チャド湖南岸地域の事例」杉村和彦編『赤道アフリカ農村におけるモラル・エコノミーの特質と変容に関する比較研究』科学研究費補助金基盤（A）報告書, pp.87-100.

(16) 2008「砂漠化防止活動からの教訓——誰にとっての砂漠化か？」嶋田義仁

編『伝統知識と技術の再活性化によるアフリカの草の根開発（Grass Root Development）と環境保護（伝統知識と技術の再活性化によるアフリカの草の根的開発報告書）』国際協力イニシアティブ，pp.119-122.

(17) 2010: Déforestation et foyer amélioré au sub-Sahara -Efficacité sous les conditions pratiques dans les ménages,『日本中東学会年報』26 (1), pp.186-213.

(18) 2012: Human mobility in the drylands of sub-Saharan Africa: The southward migration of the Kanemubu and drought in the Lake Chad region, *AFRO-EURASIAN Inner Dry Land Civilization*, 1, pp.85-97.

参考文献

池谷和信(2003)『地球環境問題の人類学』世界思想社.
石山俊(1999a)「トゥルバ日記1——トゥルバへの道」『La Forêt, C'est la Vie !——森こそ命』11, 緑のサヘルニューズレター, p.8.
石山俊(1999b)「トゥルバ日記2——ムスタファ家の人々」『La Forêt, C'est la Vie !——森こそ命』12, 緑のサヘルニューズレター, p.8.
石山俊(2000a)『サヘル地域における農村の問題と環境支援——砂漠化対策をめぐるNGO活動を通じて』静岡大学大学院人文社会科学研究科提出修士論文.
石山俊(2000b)「トゥルバ日記3——マルシェの1日」『La Forêt, C'est la Vie !——森こそ命』13, 緑のサヘルニューズレター, p.8.
石山俊(2000c)「トゥルバ日記4——トゥルバの店あれこれ」『La Forêt, C'est la Vie !——森こそ命』14, 緑のサヘルニューズレター, p.8.
石山俊(2000d)「トゥルバの日記5——マッソン二代, 親子鷹」『La Forêt, C'est la Vie !——森こそ命』15, 緑のサヘルニューズレター, p.12.
石山俊(2000e)「トゥルバ日記6——犠牲祭」『La Forêt, C'est la Vie !——森こそ命』16, 緑のサヘルニューズレター, p.10.
石山俊(2001)『アフリカ・サーヘル地域における砂漠化防止と農村開発——環境NGO「緑のサヘル」のチャドにおける10年』広島大学総合地誌研究資料センター研究叢書37.
石山俊(2004)「援助する側から援助される側にかわってみえてきたアフリカ」『沙漠誌ノート——乾燥地の自然と文明』1, 日本沙漠学会沙漠誌分科会ニューズレター, pp.1-2.
石山俊(2005)「チャド湖の『ごはん』」『沙漠誌ノート——乾燥地の自然と文明』3, 日本沙漠学会沙漠誌分科会ニューズレター, pp.10-12.
石山俊(2006a)「サハラ南縁地域の家庭における改良カマド——実際の使用条件下での有効性について」『沙漠研究』16(1), pp.39-51.
石山俊(2006b)「チャド湖地方におけるカネムブの南進——移住時期と要因の考察」嶋田義仁編『アフリカ伝統王国研究Ⅲ——アフリカ伝統王国の不平等階層性と多部族的・超部族的地域形成をめぐる理論的研究』名古屋大学大学院文学研究科比較人文学研究室, pp.339-354.

石山俊（2006c）「チャド湖の馬旅」『沙漠誌ノート——乾燥地の自然と文明』4，日本沙漠学会沙漠誌分科会ニューズレター，pp.6-8.

石山俊（2007a）「チャド盆地の地域史と農業」池谷和信・佐藤廉也・武内進一編『アフリカⅠ朝倉世界地理講座——大地と人間の物語11』朝倉書店，pp.234-249.

石山俊（2007b）「天水農業限界地域における穀物生産とモラル・エコノミー——チャド湖南岸地域の事例」杉村和彦編『赤道アフリカ農村におけるモラル・エコノミーの特質と変容に関する比較研究』赤道アフリカ農村におけるモラル・エコノミーの特質と変容に関する比較研究（代表：杉村和彦，福井県立大学）科学研究費補助金基盤A報告書，pp.87-100.

石山俊（2008）「砂漠化防止活動からの教訓——誰にとっての砂漠化か？」嶋田義仁編『伝統知識と技術の再活性化によるアフリカの草の根開発（Grass Root Development）と環境保護』伝統知識と技術の再活性化によるアフリカの草の根的開発報告書，国際協力イニシアティブ，pp.119 122.

稲井啓之（2014）「ロゴーヌ川流域における河川民の世界——カメルーン北部内陸河川におけるムズグンによる出稼ぎ漁の事例より」中村亮・稲井啓之編『アフリカ漁民の世界』名古屋大学，pp.253-279.

小川了（1998）『可能性としての国家誌——現代アフリカの国家と宗教』世界思想社.

門村浩（1990）「サハラ——その起源と変遷」『地理』35（7），pp.26-37.

門村浩（1991）「グローバル・チェンジの視点からみた砂漠化現象」門村浩・竹内和彦・大森博雄・田村俊和『環境変動と地球砂漠化』朝倉書店，pp.1-51.

門村浩（1992）「サヘル——変動するエコトーン」勝俣誠・門村浩編『サハラのほとり』TOTO出版，pp.46-78.

門村浩（1999）「チャド中部地域の自然環境，土地利用，『砂漠化』・土地荒廃現況調査——1996年2～3月」『地球環境研究』1，pp.15-30.

門村浩（2003）「乾燥地域の"社会的病"としての『砂漠化』問題——国際的対応の系譜と課題」池谷和信編『地球環境問題の人類学——自然資源へのヒューマンインパクト』世界思想社，pp.202-229.

門村浩（2007）「アフリカにおける近年の異常気候イベント」『国際農林業協力』国際農林業協力・交流協会，pp.2-9.

門村浩・勝俣誠編（1992）『サハラのほとり』TOTO出版.

川鍋祐夫・押田敏夫・南寅鎬・寇振武・蒋徳明・魏均（1995）「中国家蒙古の沙丘地域の草地と牧草経営——草地畜産で沙漠を緑化する試み」『畜産の研究』49（12），

pp.30-36.

砂漠化防止対策総合検討会（1996）『砂漠化防止ハンドブック』．

坂田隆（2014）「地上でしのぐヒトコブラクダと穴に潜るシリアンハムスターの戦略」縄田浩志・篠田謙一編『砂漠誌——人間・動物・植物が水を分かち合う知恵』東海大学出版会，pp.221-229.

嶋田義仁（1995）『牧畜イスラーム国家の人類学』世界思想社．

嶋田義仁（2002）「イスラーム神権国家の戦い」宮本正興・松田素二編『新書アフリカ史』講談社，pp.409-423.

嶋田義仁（2003）「砂漠と文明」池谷和信編『地球環境問題の人類学——自然資源へのヒューマンインパクト』世界思想社，pp.172-201.

嶋田義仁（2007）「経済発展の歴史自然環境分析——アフリカと東南アジア比較試論」『アフリカ研究』70，pp.77-89.

嶋田義仁（2012）『黒アフリカ・イスラーム文明論』創成社．

菅川拓也（1996）「チャドにおけるNGOの砂漠化防止の取組み——成果と教訓」『国際農林業協力』19（1），pp.13-19.

竹内進一（2009）『現代アフリカの紛争と国家——ポストコロニアル家産制国家とルワンダ・ジェノサイド』明石書店．

中尾佐助（1966）『栽培植物と農耕の起源』岩波書店．

中山裕則・田中總太郎（1990）「衛星画像によるチャド湖の変化」『地理』35（7），p.3.

野元美佐（2005）『アフリカ都市の民族誌——カメルーンの「商人」バミレケのカネと故郷』明石書店．

緑のサヘル（1993）『1993年度年次報告書』．

日野舜也（1988）「メッカをめざして——スーダンにおけるフェラータ社会」『季刊民族学』12（4），pp.40-50.

UNDP（2013）『人間開発報告書2013　南の台頭——多様な世界における人間開発』．

吉野正敏（2013）『極端化する気候と生活——温暖化と生きる』古今書院．

Aubréville, A. (1949): *Climats, Forêts et désertification de l'afrique tropical*, Société d'edition Géographique, Martimeset Coloniales, Paris.

Bangoura, M. T. (2005): *Violence politique et conflits en Afrique: le cas du Tchad*, L'Harmattan, Paris.

Barth, F. (1890): *Travels and discoveries in North and Central Africa*, Ward, Lock and C. O., London.

Beauvilain, A. (1995) : *Tableau de la pluviométrie dans les basins du Tchad et de la Bénoué*, CNAR, N'djamena.

Boivin, N., D. Q. Fuller (2009) : Shell Middens, Ships and Seeds: Exploring Coastal Subsistence, Maritime Trade and the Dispersal of Domesticates in and Around the Ancient Arabian Peninsula, *Journal of World Prehistory* 22, pp.113-180.

Bouquet, C. (1974) : *Iles et Rives du Sud-Kanem*, CEGET, Talence.

Bouquet, C. (1991) : *Insulaires et riverains du Lac Tchad Tome I*, L'Harmattan, Paris.

Buijtenhuijs, R. (1987) : *Le Frolinat et les guerres civiles du Tchad (1977-1984)*, Karthala, Paris.

Cabot, J. (1965) : *Le Bissin du Moyen Logone*, ORSTOM, Paris.

Cabot, J., C. Bouquet (1973) : *Le Tchad*, Presses Universitaires de France, Paris.

Caprile, J. P. (1972) : Langues, J. Dresch (ed.), *Atlas pratique du Tchad*, Institut National Tchadien pour les Sciences Humaines and Institut Géographique National, Paris.

Chudeau, R. (1921) : *Le probléme du déssechement en Afrique Occidentale*, Bull. Com. Etud. Hist. Et Sci. A. O. F., pp.353-369.

Clanet, J. C., J. Lemoalle, L. Dara (2006) : Elevage et Pêche, *Atlas dl'Afrique Tchad*, Les Editions J. A. Paris, pp.34-35.

Cuoq, J. (1984) : *Histoire de l'islamisation de l'afrique de l'ouest*, Librairie Orientaliste Paul Geuthner, Paris.

Dingammadji de Parsamba, A. (2011) : *Les Gouvernements du Tchad, De Gabriel Lisette à Idriss Déby (1957- 2010)*, L'Harmattan, Paris.

Douglas, F. B. (1990) : *Population Growth, Wood Fuels, and Resource Problems in Sub-Saharan Africa*, World Bank, Washington, D. C..

Fackoua, L. L. (2006) : *Education, Atlas d l'Afrique Tchad*, Les Editions J. A., Paris, pp.42-43.

Fage, J. D. (1978) : *An Atlas of African Histoy*, Edward Arnold, London.

FAO (2003) : *Desert Locust Bulletin* 295.

Géraud, M. (2003) : Le pétrole contre l'enclavement: un enjeu de la mondialisation au sud du Tchad, *Afrique, n°spércial de la revue Labyrinthe*, n°16, pp.19-34.

Haggar, B. I. (2007) : *François Tombalbye 1960-1975 Déjà, le Tchad était mal parti!*,

L'Harmattan, Paris.

Hino, S. (2004) : Fulbe People in African urban Society: A Comparative Study of Cameroon and the Sudan, Swahili and Fulbe: Frontier World of Islam in Africa, Shimada, Y. (ed.), *Comparative Studies in Social and Human Sciences Graduate School of Letters*, Nagoya University, Nagoya, pp.325-349.

Hoinathy, R. (2013) : *Pétrole et changement social au Tchad*, Karthala, Paris.

Hubert, H. (1920) : *Le déssechement progressif en Afrique Occidentale Française*, Bull. Com. Etud. Hist. et Sci. A. O. F., pp.401-467.

Ishiyama, S. (2010) : Déforestation et foyer amélioré au sub-Sahara-Efficacité sous les conditions pratiques dansles ménages, *Annals of Japan Association for Middle East Studies* 26 (1), pp.186-213.

Ishiyama, S. (2012) : Human mobility in the drylands of sub-Saharan Africa: The southward migration of the Kanemubu and drought in the Lake Chad region, *AFRO-EURASIAN Inner Dry Land Civilization* 1, pp.85-97.

Jeune Afrique (2009) : Où va l'argent du pétrole? 2525, pp.38-40.

Jeune Afrique (2014) : La déchirure. 2765, pp.10-13.

Largeau, V. E. (2001) : *A la naissance du Tchad 1903-1913*, Edition Sépia, Saint-Maur.

Lanne, B. (1998) : *Histoire politique du Tchad de 1945 à 1958 -Administration, partis, élection*, Karthala, Paris.

Le Cornec, J. (1963) : *Histoire politique du Tchad de 1900 à 1962*, Librairie Générale de Droit et de Jurisprudence, Paris.

Le Houérou, H. N. (1976) : Peut-on Lutter contre la désertisation?, *La désertification au Sud du Sahara: Colloque de Nouakchott*, Les Nouvelles Editions Africaines, Dakar, pp.158-163.

Le Rouvreur, A. (1962) : *Sahariens et Sahéliens du Tchad*, Editions Berger-Levrault, Paris.

Lêvêque, C., D. PAUGY, G. G. TEUGELS (1992) : *Faune des poissons d'eaux douces et saumâtres d'Afrique de l'Ouest*, ORSTOM, Paris.

Magnant, J. P. (1986) : Les Arabes et la terre au sud du lac Tchad, R. Verdier, A. Rochegude (eds.), *Les systémes fonciers à la ville et au illage en Afrique noir*, L'Harmattan, Paris, pp.257-280.

Magnant, J. P. (1993) : La mise en place des population dans l'est de la préfecture du lac d'après les tradition orales, D. Barreteau, C. Von Graffenried (eds.), *Datation et chronologie dans le bassin du lac Tchad*, ORSTOM, Paris, pp.183-207.

Maley, J. (1981) : Etudes palynologiques dans le bissin du Tchad et paléoclimatologie de l'Afrique nord-tropical de 30000 ans à l'epoch actuelle, *Traveaux et Document de l'ORSTOM* 129.

Maley, J. (1993) : Chronologie calendaire des principales fluctuations du lac Tchad au cours du dernier millenaire, D. Barreteau, C. Von Graffenried (eds.), *Datation et chronologie dans le bassin du lac Tchad*, ORSTOM, Paris, pp.161-163.

Ministère de l'Agriculture et de la Pèche du Tchad (2002) : *Rapport annuel 2002*.

Ngadoum, R., E. F. Moriconi (2006) : *Population, Atlas d l'Afrique Tchad*, Les Editions J. A., Paris, pp.26-28.

Olivry, J. C., A. Chouret, G. Vuillaume, J. lemoalle, J. P. Briquet (1996) : *Hydrologie du Lac Tchad*, ORSTOM, Paris.

Pias, J. (1970) : *La végétation du Tchad*, ORSTOM, Paris.

Sow, H. (1990) : *Le bois-énergie au sahel*, ACCT-CTA-KARTHALA, Paris.

Suret-Canale, J. (1979) : *Afrique Noire Occidentale et Central Géographie-Civilisations-Histoire*, Edition Sociales, Paris.

Tsalefac, M. (2006) : *Climat, Atlas d l'Afrique Cameroun*, Les Editions J. A., Paris, pp.62-63.

UNCCD (1997) : *United Nations Convention to Combat Desertification*.

United Nations (1977) : *Report on the United Nations Conference on desertification*, Nairobi.

United Nations (1992) : *United Nations Conference on Environment & Development Rio de Janeiro, Brazil, 3 to 14 June 1992, Agenda 21*.

Urvoy, Y. (1949) : *Histoire de l'Empire du Bornou*, Sweets & Zeitlinger N.V., Amsterdam.

Zeltner, J. C. (1980) : *Pages d'Histoire du Kanem Pays Tchadien*, L'Harmattan, Paris.

Zeltner, J. C. (2002) : *Histoire des Arabes sur les rives du lac Tchad*, Editions Kharthala, Paris.

未公刊資料

Formulaire pour le rassemblement des données climatologique de station de Massakory de 1995, 1996, 1997, 1998, 1999, Direction des Ressource en Eau et Météologie, Ministère de l'Agriculture et de la Pêche du Tchad.

ウェブサイト

FAOSTAT: http://faostat.fao.org/（閲覧日 2014 年 10 月 15 日）.
IMF: http://www.imf.org/external/data.htm（閲覧日 2014 年 10 月 15 日）.
UNCTAD: http://unctad.org/en/Pages/Statistics.aspx（閲覧日 2014 年 10 月 15 日）.

索 引

あ行

愛国救済運動→MPS
アオズ地域　4, 95, 101, 102
アカシア・セイヤル　178
アカシア・セネガル　151, 154, 167, 178
アカシア・ニロチカ　166-168, 178, 184
アグロ・フォレストリー　152, 154
アダマワ山地　11, 12, 77, 78
アバ・シディック　94
アバチャ→イブラヒム・アバチャ
アフリカ民主連合→RDA
アラビア語　49
アラビアゴム　151, 166
アラブ・シュワ　34, 36, 47, 51, 122, 126
アリファ　126
アル・カネミ　60
アンジュ・フェリックス・パタセ　106

イギリス　67, 73, 74, 95, 198
育苗センター　119, 151
移住　133, 135
イスラーム諸王国　56
イスラーム文明　55, 197, 200
イタリア　74, 78, 95, 198
イッセン・ハブレ　94-97, 99, 100, 201
井戸　162, 169

イドリス・デビ　4, 84, 87, 102, 105, 201
稲作　31, 32
イネ　23, 36, 45, 79, 199
イブラヒム・アバチャ　92, 93
インドセンダン　151, 152, 154, 166

ヴーレ・シャノワ隊　70
ウバンギ川　68, 75
ウバンギ高地　11, 12

オアシス　24, 43, 50, 51
オマール・アル・バシル　105

か行

ガーナ帝国　20, 56
カイセドラ　151, 152, 154
改良カマド　150, 155, 171, 173, 174
過耕作　5, 115, 202
可耕地　135
果樹　203
カダフィ　95, 96, 201
カヌリ（ボルヌ）　52, 122
カネムブ　51, 97, 122, 124, 126, 130, 135
カネム・ボルヌ帝国　20, 56, 59, 60, 61, 63, 65
過伐採　5, 115, 155, 202
過放牧　5, 115, 202

217

カムゲ→ワデル・アブデルカデル・カムゲ
環境人類学　5
換金作物　33, 45, 52
乾湿傾向　110
乾湿変動　109
干ばつ　4, 18, 36, 112, 134, 135, 137, 149, 202

気候変動　109, 121
キサル　176, 177
ギニア　67
　　──気候帯　15
　　──湾　73, 75, 76, 78
キャッサバ　29
狭義の砂漠化　113
極端気候　112
キルディ諸族　65

グクーニ・ウェッデイ　94-97, 101, 201
クセリ　64, 71, 72
クランペル　69
クリ　52, 122
グループマン　159, 160, 163, 165
　　──・ユニオン　164, 167

広義の砂漠化　113, 114
国連砂漠化対処条約　4, 115, 203
国家誌　6
コトコ　48, 52, 74
　　──王国　62
コマドゥ・ヨベ川　11, 12, 122
コムギ　26, 29
コメ　29

ゴラン→ダザ
孤立化　73
コロ　181, 182, 184
コンゴ川　68, 75, 77

さ行

サーヘル　1, 34, 109
　　──干ばつ対策政府間常置委員会
　　　→CILSS
　　──気候帯　15
　　──内陸国　i
ザガワ　51, 74, 102, 104
　　──王国　62
ササゲ　26
サヌーシー教団　94
砂漠化　i, ii, 4, 109, 112, 114-116, 145, 171, 197, 202
　　──対処　119, 120, 145, 171, 203
　　──対処活動　118, 119
サハラ　1, 12, 34, 109, 124
　　──合衆国構想　95
　　──交易　50, 55, 56, 73
　　──南北交易　55, 74, 197, 200
サラ　46, 52, 74, 90, 91, 106
暫定国民連合政府→GUNT

識字率　48, 84
湿地帯　135
シャリ川　11, 12, 14, 38, 122
　　──デルタ　14
ジャンティ隊　71
就学率　48, 84

住民育苗場　151, 152, 160, 165
植民地化　31, 73, 198
植民地開発　78
植民地経営　73, 78, 199
植林モデル区　152
ジョス高原　11
真正化（Authentisité）政策　92
人民軍→FAP

スーダン　109
　　──気候帯　15

石油開発　82
石油輸出　2, 82, 83, 199
ゼブウシ　37, 52

ソコト・カリフ帝国　63
ソルガム　23, 26, 28, 45, 51, 52
ソンガイ帝国　63

た行

ダーマ種　37, 52
堆積土　78
タクルール王国　56
ダザ（ゴラン）　94, 100
ダル・クティ王国　70
ダルフール　26, 70, 105

チャド解放人民運動→MPLT
チャド解放戦線→FLT
チャド湖　11, 12, 14, 38, 56, 109, 110, 122, 202

──水位　110, 134
チャド国民解放戦線→FROLINAT
チャド国民軍→FANT
チャド国民文化社会革命運動　92
チャド国民連合→UNT
チャド進歩主義者党→PPT
チャド盆地　11, 12, 15, 16, 21, 55, 69, 110
チャド民主連合→UDT

ディエ　180, 181
定期市　124, 126, 139
ディビニンチ　128, 130, 133
ティベスティ山地　13
デーツ　25
テダ　74, 94
デビ→イドリス・デビ
天水栽培　26
天水農業　29, 30, 38, 45, 134, 137

ドイツ　67, 73, 74, 79, 198
トゥアレグ　34
東西交易路　58, 200
トウジンビエ　23, 26, 28, 29, 44, 51, 122, 124, 130, 134, 141
トゥブ　34, 51, 94
トゥプリ　37, 52, 65
トウモロコシ　23, 28, 29, 124, 130, 141
トゥルバ　124, 138, 145, 150, 163, 171
独立と革命のための国民連合→UNIR
土地の劣化　115
ドバ　82
トムバルバイ→フランソワ・トムバルバイ

索引　219

な行

内陸化　ii, 73, 197, 198
内陸国　1
ナツメヤシ　23, 26, 50, 51, 124, 130

ニジェール川　32, 56, 63, 67, 77

は行

ハイタカ作戦　101, 103
パイプライン　83, 199
バイリ　i, 145, 148, 150
ハウサ　59
　──諸王国　63
バギルミ　46, 51
　──王国　61, 70, 71
ハジェライ　48, 51
バシル→オマール・アル・バシル
パタセ→アンジュ・フェリックス・パタセ
ハブレ→イッセン・ハブレ
バル・エル・ガザル川　11, 12
バルト　65
氾濫原　14, 23, 28, 31, 121, 122

ビリ　176, 177
ビルマ　56
貧困　i, ii, 1, 36, 197-199, 202

ファイデルビア・アルビダ　151, 152
フェッザーン　56, 59
フェリックス・マルーム　91
フォール・ラミー　72, 75, 77, 92
ブドゥマ　52, 122
フメ王　59
ブラマ　126-128, 130
ブララ　51
フランス　31, 48, 67-69, 73, 74, 78, 79, 95, 137, 199
　──国民連合　89
仏領赤道アフリカ　74, 78, 79
フランソワ・トムバルバイ　4, 90, 92, 93, 201
フランソワ・ボジゼ　106
フルベ　31, 32, 36, 37, 52, 59, 60, 63
フロー・ラミー隊　71
紛争　i, ii, 87, 197, 200-202
分断　74, 198, 199

ベヌエ川　33, 67, 77
ベルリン会議　67, 69
ベレベレ　23, 28-30, 121, 141, 200

北部軍→FAN
　──司令会議→CCFAN
ボジゼ→フランソワ・ボジゼ
ボデレ低地　12
ボルヌ→カヌリ

ま行

マイ　126
マイクロ・クレジット　160, 163
マサ　32, 37, 48, 51, 52, 65, 74
マフディー帝国　59, 63
マルーム　96, 97

マンタ作戦　100, 101, 103

三ツ石カマド　155, 172, 174
緑のサハラ　110
緑のサヘル　119, 145-147, 150, 163, 171, 203

ムスクワリ　31, 36
ムビ　48
ムンダン　32, 37, 52, 65, 74

綿花　32, 33, 45, 52, 79, 80, 199

モール　34
モデル農場　150, 151, 158, 161
モハメッド・セヌシ　70
モベ　122
モロコシ　121, 141
モンテイユ　69

や行

ヤエレ　14, 80
　——湿原　122

ユーカリ　151, 152, 154

ら行

ラッカセイ　26, 29, 33, 52, 79, 199
ラテライト　41, 45
ラバー帝国　64, 137

リビア　4, 56, 73, 74, 78, 95, 101-103, 106, 201

歴史自然環境分析　6

ロゴンヌ川　11, 12, 14, 28, 32, 33, 38
ロル・マハマット・シュア　97

わ行

ワッダイ　46
　——王国　61, 72
ワデル・アブデルカデル・カムゲ　98, 104

略語

CCFAN（北部軍司令会議）　94, 96
CILSS（サーヘル干ばつ対策政府間常置委員会）　117
FAN（北部軍）　96, 98, 99, 102
FANT（チャド国民軍）　99, 102, 103
FAP（人民軍）　97-99
FLT（チャド解放戦線）　93
FROLINAT（チャド国民解放戦線）　4, 92-94, 96, 103
GUNT（暫定国民政府連合）　97, 98, 101
MPLT（チャド解放人民運動）　97
MPS（愛国救済運動）　102
PPT（チャド進歩者党）　89-91
RDA（アフリカ民主連合）　89
UDT（チャド民主連合）　89
UNIR（独立と革命のための国民連合）　100, 102
UNT（チャド国民連合）　92, 93

■著者紹介

石山　俊（いしやま　しゅん）

総合地球環境学研究所プロジェクト研究員。
1965年東京都生まれ，東京農業大学農学部卒業，静岡大学大学院人文社会科学研究科修士課程修了，名古屋大学大学院博士後期課程満期退学。博士（文学）。専門は文化人類学，アフロ・ユーラシア乾燥地域研究，日本の農村研究。
主な論文・著書に，Human mobility in the drylands of sub-Saharan Africa: The southward migration of the Kanemubu and drought in the Lake Chad region（*AFRO-EURASIAN Inner Dry Land Civilization* 1，2012），『アラブなりわい生態系2　ナツメヤシ』（共編，臨川書店，2013年），『地球研叢書　ポスト石油時代の人づくり・モノづくり――日本と産油国の未来像を求めて』（共編，昭和堂，2013年），『イエローベルトの環境史――サヘルからシルクロードへ』（分担執筆，弘文堂，2013年）などがある。

サーヘルの環境人類学
――内陸国チャドにみる貧困・紛争・砂漠化の構造

2017年3月31日　初版第1刷発行

著　者　石　山　　俊

発行者　杉　田　啓　三

〒606-8224　京都市左京区北白川京大農学部前
発行所　株式会社　昭和堂
振替口座　01060-5-9347
TEL（075）706-8818／FAX（075）706-8878
ホームページ　http://www.showado-kyoto.jp

© 石山俊　2017　　　　　　　　印刷　モリモト印刷

ISBN978-4-8122-1618-7
＊乱丁・落丁本はお取り替えいたします。
Printed in Japan

本書のコピー，スキャン，デジタル化等の無断複製は著作権法上での例外を除き禁じられています。本書を代行業者等の第三者に依頼してスキャンやデジタル化することは，たとえ個人や家庭内での利用でも著作権法違反です。

日本アフリカ学会編 **アフリカ学事典** 本体16000円

藤岡悠一郎 著 **サバンナ農地林の社会生態誌** ナミビア農村にみる社会変容と資源利用 本体6000円

岡野英之 著 **アフリカの内戦と武装勢力** シエラレオネにみる人脈ネットワークの生成と変容 本体6800円

大山修一 著 **西アフリカ・サヘルの砂漠化に挑む** ごみ活用による緑化と飢餓克服、紛争予防 本体5000円

内海成治 編 **はじめての国際協力** 変わる世界とどう向きあうか 本体2800円

伊東未来 著 **千年の古都 ジェンネ** 多民族が暮らす西アフリカの街 本体3800円

昭和堂

（表示価格は税抜きです）